認知行動療法カウンセリング
実践ワークショップ

―CBT の効果的な始め方とケースフォーミュレーションの実際―

著

伊 藤 絵 美

Cognitive Behavior Therapy :
Workshop for Practitioners
How to start CBT and practice case formulation effectively

by
Emi Ito, Ph.D.

Copyright © 2015 by Seiwa Shoten Publishers, Tokyo

はじめに

　本書は2015年1月18日に撮影された『認知療法・認知行動療法実践ワークショップ：導入，アセスメント，ケースフォーミュレーション』というワークショップを文字起こしし，加筆修正を加えて書籍化したものです。ワークショップで講師を務めた私（伊藤絵美）は臨床心理士として認知行動療法（CBT）を実践している者です。精神科クリニック，民間企業，大学の学生相談等での仕事を経て，2004年にCBTを専門とする民間カウンセリング機関（洗足ストレスコーピング・サポートオフィス）を開設し，今も所長として，自らもクライアントに対するCBTカウンセリングを行いつつ，スーパービジョンやワークショップを通じてCBTセラピストの養成に携わっています。

　ところで現在，日本のみならず世界的に，CBTの広がりようは大変なものです。私がCBTを学び始めた25年ほど前に，まさかCBTがこんなにも広がるとは全く想像できませんでした。2004年に開業した際も，前よりはCBTが知られるようにはなっていましたが，CBTを専門とするセラピストは日本では少数派でした。それが様々な要因により（種々の症状や問題に対するCBTのエビデンスが出てきた，うつ病が社会的な問題となりその治療法としてCBTが注目された，うつ病に対するCBTの保険診療が認められた，矯正や保護の領域でCBTのプログラムが続々と作られた，などなど），今では専門家や当事者のみならず，広く社会的に知られる心理療法に成長したのです。

　CBTを長らく学び，実践してきた者として，このような現状を素直に喜びたい気持ちはあります。しかし一方で，CBTがこれだけ知られてきたのに，それを供給できるセラピストの数が追いついていないことに危機感や残念な気持ちが生じてくるのも事実です。CBTを長らく実

践している者として，その実践の中から学んだこと，つかみとったことを，これから CBT を学ぼうとする人たちに伝えることも，私自身の重要な仕事だと考えております。

　これまでもそういう思いで，洗足ストレスコーピング・サポートオフィス主催で年間に何度も CBT のワークショップを開催してきております。また呼ばれれば日本全国どこにでも行って出前のワークショップをこれまで数多く実施してきました。その中でも初級編のワークショップを撮影し，DVD と本にまとめたものを，『認知療法・認知行動療法カウンセリング初級ワークショップ』というタイトルで 2005 年に星和書店から出版させてもらいました。嬉しいことに，多くの人がこの DVD や本を通じて CBT の初歩を学んでくれているようです。そして「続きを学びたい」「初級の次のステップに進みたい」という声を多くいただきました。

　そのような声を受けて構築したのが本書の元となっているワークショップです。テーマは「CBT をどう始めるか」という「導入」，「クライアントの主訴をどのように理解するか」という「アセスメント」，「アセスメントされたものをどう介入につなげるか」という「ケースフォーミュレーション」の 3 つです。この 3 つは CBT の要で，非常に重要です。言い換えるとこの 3 つをしっかりと実践できれば，その CBT はかなりいいところまで行けるでしょう。私はこの 3 つをテーマとしたワークショップを，この 10 年かけて，試行錯誤しながら構築してきました。そして 2014 年に大幅にリニューアルし，「このワークショップなら，かなりいけるのではないか」という感触を得ました。そのスライドを長くお世話になっている星和書店の石澤社長，近藤さんにお見せしたところ，「ぜひ撮影し，DVD と書籍を作りましょう」と言っていただき，今回の撮影に至ったのでした。

　撮影には 10 名の臨床家の皆さんに参加していただきました。ぶっつけ本番のデモンストレーションもあったので，当日はかなり緊張しま

したが，「ここでの私の仕事は，CBTの導入，アセスメント，ケースフォーミュレーションについてしっかりと伝えることだ」と自分に語りかけ（認知再構成法），緊張感をマインドフルに感じつつ，参加者の方々に支えられながら何とか無事に撮影を終えることができました。

　撮影したものを文字起こしし，それを加筆修正し，このように書籍化されたものを改めて自分で読んでみると，手前味噌のようで恐縮ですが，セラピストがCBTを安全に開始し，効果的に進めていくために必要な考え方ややり方が詰まっているように思えます。これまでのCBTの実践で私自身がつかみ取ってきたことを余すことなく披露できたような気がします。それを読者の皆さんと共有し，CBTをさらに発展させるために知恵を出し合えれば，こんなに嬉しいことはありません。もちろんご批判も大歓迎です。

　最後に，本書の出版にご協力いただいた星和書店の石澤雄司社長，近藤達哉氏に深く御礼申し上げます。お二人には，本書のみならず，CBTに関する執筆や出版に大きなお力添えをいただいており，感謝の念に堪えません。さらに洗足ストレスコーピング・サポートオフィスで一緒に仕事をしている仲間の皆さん，そしてこれまでにワークショップに参加してくれた専門家の皆さんにも感謝いたします。皆さんとの絶え間ないディスカッションのおかげで，CBTへの理解が深まりました。最後に何より大きな感謝を伝えたいのは，これまでに出会ったクライアントの方たちです。CBTはクライアントとセラピストの協同作業によって成立するセラピーです。私たちと一緒にCBTに取り組んでくださった皆さんのおかげで，このような本ができました。本当にありがとうございました。

2015年4月吉日
伊藤 絵美

目　次

はじめに …………………………………………………………………………… iii

第1章　初級ワークショップのおさらい ……………………………… 1
　本ワークショップの目的と流れ　1
　認知行動療法とは？　2
　認知行動療法の理論と方法　4
　階層的認知モデル　6
　自動思考をモニターすることの重要性　7
　認知行動療法の基本原則　11
　　●基本原則1. 常に基本モデルに沿ってクライアントの体験を理解する　11
　　●基本原則2. セラピストとクライアントはチームを形成し，実証的視点から協同作業に取り組む＝実証的協同主義　11
　　●基本原則3. 「今・ここ」の問題に焦点を当て，問題を理解し，解決を目指していく＝問題解決アプローチ　12
　　●基本原則4. 心理教育を重視し，クライアント自身がセルフでCBTができるようになることを手助けし，再発を予防する　12
　　●基本原則5. ホームワークを出すことによって，日常生活でクライアントがCBTを実践することを重視する　12
　　●基本原則6. 毎回のセッション，そして初回から終結までの流れを構造化する　13

❖ウォーミングアップ－自己紹介のアジェンダ　13

第2章　CBTをいかにして導入するか（インテーク面接）……… 15
　　当機関のインテーク面接について　15
　　インテーク面接で注意していること　18
　　当機関でのCBTについての心理教育　20
　　　①CBTの理念を示す　21
　　　②CBTのモデルを示す　22
　　　③CBTの全体の流れを示す　23
　　インテーク面接に対するフィードバック　26
　　通常の臨床設定でどうインテーク面接を行うか　28
　　CBTに特化していない機関でのCBTの導入　30
　　当機関における心理テストについて　31
　　インテーク面接で起きうる問題とその解決　32
　　　①構造化が難しい　32
　　　②開始するか否かが決められない　33
　　　③担当者との相性を非常に気にする　34
　　　④経過があまりにも長い　35
　　　⑤主訴を決められない　35
　　❖グループワーク－ここまでの感想と疑問　36

第3章　主訴を同定し，エピソードのアセスメントを行う ……… 45

初回セッション　45
①橋渡し・HWチェック　47

②アジェンダ設定　47

③アジェンダに沿った話し合い　47

④まとめ（HW設定・振り返り）　47

初回セッションの通常のアジェンダ　49

初回セッションのアジェンダ：「④主訴の確認と今後の進め方の相談」　51

主訴の同定　52
「主訴の同定」をめぐるやりとりの具体例（Aさん）　53

Aさんの主訴はどう整えられたか？　54

「主訴の同定」をめぐるやりとりの具体例（Bさん）　55

「主訴の同定」をめぐるやりとりの具体例（Cさん）　58

「主訴の同定」をめぐるやりとりの具体例（Dさん）　60

「主訴の同定」をめぐるやりとりの具体例（Eさん）　63

❖デモンストレーション－主訴を具体的に同定する　63

スズキさんとのデモンストレーション：主訴を具体的に同定する　63

モリタさんとのデモンストレーション：主訴を具体的に同定する　67

「今後の進め方」の相談　70

コーピングシートを用いた応急処置の例　73

初回セッションのアジェンダ：「⑤ホームワークの設定」　77

初回セッションのアジェンダ：「⑥セッションに対する感想」　78
　　第2セッション以降　79
　　　アセスメントシートの記入例（1）：私（伊藤）の場合　83
　　　アセスメントシートの記入例（2）：サヤカさんの場合　86
　　　アセスメントシートの記入例（3）：タケオさんの場合　89
　　　アセスメントのポイント　93
　　❖デモンストレーション－主訴に関するエピソードのアセスメント　96
　　　スズキさんとのデモンストレーション：主訴に関するエピソードのアセスメント　96
　　　モリタさんとのデモンストレーション：主訴に関するエピソードのアセスメント　105
　　❖グループワーク－ここまでの感想と疑問　115

第4章　アセスメントのまとめを行う　119
　　アセスメントの「まとめ」　119
　　　アセスメントシートのまとめ（1）：私（伊藤）の場合　119
　　　アセスメントシートのまとめ（2）：サヤカさんの場合　122
　　　アセスメントシートのまとめ（3）：タケオさんの場合　123

第5章　主訴に関わる問題を同定する　129
　　主訴に関わる問題を同定する　129
　　　問題リストの例（1）：私（伊藤）の場合　131

問題リストの例（2）：サヤカさんの場合　131
問題リストの例（3）：タケオさんの場合　132
問題リストのキーワードの視覚的理解　133

第6章　各問題に対する目標を設定する　137
同定された問題に対して現実的な目標を設定する　137
目標リストの例（1）：私（伊藤）の場合　139
目標リストの例（2）：サヤカさんの場合　140
目標リストの例（3）：タケオさんの場合　141

第7章　目標を達成するための技法を選択する　143
目標を達成するための技法を選択する　143
技法の選択＆提案の例（1）：私（伊藤）の場合　144
技法の選択＆提案の例（2）：サヤカさんの場合　145
技法の選択＆提案の例（3）：タケオさんの場合　146

第8章　まとめと質疑応答　149
どこまで来たか？　149
まとめ　150
　❖質疑応答　151
　❖全体の感想　154

おわりに ……………………………………………………………………… 159
巻末付録 ……………………………………………………………………… 161
  巻末付録 1 インテーク面接記録シート　162
  巻末付録 2 認知行動療法カウンセリングについて　168
  巻末付録 3 ヒアリングで用いるシート　171
  巻末付録 4 セルフモニタリングで用いるシート　172
  巻末付録 5 コーピング・ワークシート　173
  巻末付録 6 ホームワークシート　174
  巻末付録 7 アセスメントシート　175
  巻末付録 8 問題＆目標設定シート　176
索　引 ………………………………………………………………………… 177
著者略歴 ……………………………………………………………………… 180

第 1 章
初級ワークショップのおさらい

本ワークショップの目的と流れ

　今日は認知療法・認知行動療法の実践ワークショップということで，初級ワークショップの応用編ということになります。

　特に，本ワークショップでは，認知療法・認知行動療法をどのように導入するのか，ケースフォーミュレーションをどのように進めるかということがポイントになります。

　流れとしては，表 1-1 の 8 段階で進めていきます。

　まず，初級ワークショップのおさらいから始めます。その後，認知行動療法をどう導入するかということで，インテーク面接について詳しくご紹介します。インテーク面接をし，認知行動療法を実際に始めるということになると，次に主訴を決め，主訴に関わるエピソードをアセスメ

表 1-1　本ワークショップの流れ

1. 初級ワークショップのおさらい
2. CBT をいかにして導入するか（インテーク面接）
3. 主訴を同定し，**エピソードのアセスメントを行う**
4. アセスメントのまとめを行う
5. 主訴に関わる問題を同定する
6. 各問題に対する目標を設定する
7. 目標を達成するための技法を選択する
8. まとめと質疑応答

ントしていくというケースフォーミュレーションになります。今日はここを中心に，時間をかけて詳しく解説をし，デモンストレーションをしていきます。そして，アセスメントのまとめをします。このあたりで全体の3分の2くらいの時間を使う予定です。

　エピソードのアセスメントがしっかりできてしまえば，あとは楽です。アセスメントのまとめをし，何が問題なのかを見つけていきます。そのうえで何を目指せばいいのか。具体的な目標を立て，目標を達成するための技法を選択するということになります。この全体がケースフォーミュレーションです。

　最後に，まとめをして質疑応答をします。こうした流れで進めていきます。

認知行動療法とは？

　認知行動療法は，英語の「Cognitive Behavior Therapy」の訳で，頭文字を取って「CBT」と呼ばれたりします。

　CBT は実際に幅広いので，いろいろな定義の仕方があります。私はストレスを使った定義の仕方をしています。CBT は，ストレスの問題を，認知（頭の中の考えやイメージ）と行動（実際のパフォーマンス）の工夫を通じて自己改善するための考え方と方法の総称です。

　ここのポイントは，「ストレスの問題の自己改善」ということです。自分で自分のストレスの問題をなんとかしようということです。目標は，当事者の自助（セルフヘルプ）の回復や育成です。キーワードとして重要なのはセルフヘルプということです。自分で自分を上手に助ける，回復させる。ないしはそのためのセルフヘルプの力を育てていくということです。

　「セラピー」ですから，治療ということではありますが，どちらかというと「トレーニング」に近いとお考えください。CBT の「T」は

「Therapy」と同時に「Training」の「T」と考えてもいいのではないかと思います。セルフヘルプの力を，トレーニングを通じて，その人の中に育てていくのです。お稽古事モデルやトレーニングモデルでとらえるとわかりやすいと思います。セルフヘルプのための考え方と方法を，当事者自身に習得してもらう。ですから，セラピスト（治療者）は，トレーナーとして機能します。当事者に気持ち良く CBT を学んでもらうためのお手伝いをするという立場になります。

　もうひとつ重要なことがあります。トレーニングというのは，絶対にトレーナーがいないとできないかというと，そういうことはありません。トレーナーがいなくても自主トレは可能です。CBT はワークブックを使ったり，コンピュータやウェブを使ったりすれば，自主トレができます。場合によっては，本人が自主トレをするのを側面的にトレーナーが支えるというやり方もあります。いろいろなやり方ができます。

　ただし，大原則があります。ストレスに対してクライアントにセルフヘルプができるようになってもらうためには，セラピスト＝トレーナー自身ができているようになっていないといけないということです。たとえば，自動車教習所に行けば，教官がクルマの運転を教えてくれます。でも，教官がクルマの運転が下手だったらお話になりません。あるいは，お料理教室では，お料理の先生が自分のためにお料理を楽しく作っているということがあって，私たちはそれに対して教えてもらうわけです。「私，お料理苦手なの」とか「普段しないのよね」とお料理の先生に言われたら，えっという感じになります。

　それと同じで，CBT もセラピスト＝トレーナーがまず自分のためのストレスマネジメントに CBT を使いこなせるようになっておくことが大前提です。自分のために CBT を使って，「こんなふうに使えるんだな」とか，「こういうふうに使うとこんなふうになるんだな」ということを知って，それを提供できるようにしていただきたいと考えています。

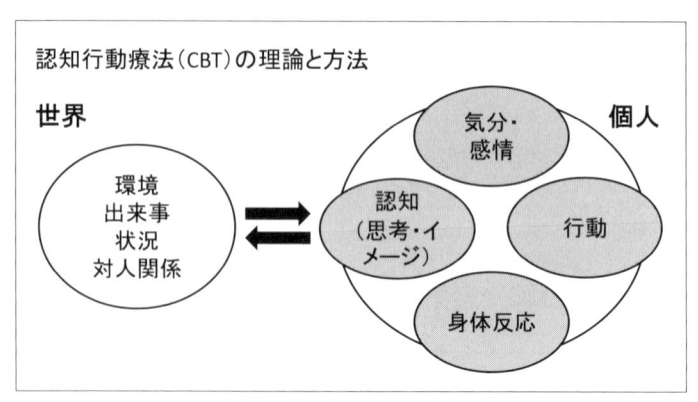

図1-1 認知行動療法の基本モデル

認知行動療法の理論と方法

これが CBT の基本的なモデルです（図1-1）。

これを使って CBT の理論と方法を簡単に振り返っておきます。

基本モデルでは，まず環境と個人の相互作用を見ていきます。個人の外側には，環境や出来事，その場その場の状況，対人関係などの世界があります。その世界はどうなっているのか。それがその人に何を与えているのか。そうしたことを見つつ，個人の中に起きる現象として，「認知（思考・イメージ）」「気分・感情」，身体の生理的な反応としての「身体反応」，そしてその人の「行動」に分けて，何が起きているのかを見ていきます。

もちろん，その人の取った行動は，また状況に跳ね返ってきます。ですから，その人がある思いに基づいて取った行動が，世界にどう跳ね返っていくかを循環的に見ていくことが必要です。そのような循環モデルとなっています。

特に，セラピーとして行う場合は，その人の主訴（困りごと）に関わる体験を，CBT の基本モデルに沿ってまず循環的に理解をしていきま

す。これを「アセスメント」と呼びます。認知行動療法とは言いますが，アセスメントの段階では「認知」と「行動」に絞らずに全部を見ていきます。

　その人が困っていて，自分ではどうにもならないという問題があります。それが症状であったり，日常的な困りごとだったりするわけです。それを見ていくと悪循環が同定される場合が多いです。ですから，「このように悪循環が起きて，グルグル回っているので大変だ！」というところを，まず理解していくのが CBT の第一段階です。それがアセスメントで，今日のワークショップの一番のテーマです。

　そのうえで，悪循環から自分を救いたい，悪循環から脱出したいというときに，CBT の考え方が大切になります。自分の外側にある，すでに起きてしまった出来事や他人を直接変えるということはできません。そうなると，自分の反応を工夫し，整えていくことが必要になります。ただし，「気分・感情」と「身体反応」はどうにもなりません。勝手にいろいろなものとの絡みで出てきたり，引っ込んだりするので，これらに対しては直接コーピングができないというのが，CBT の考え方です。

　直接コーピングが可能なのは，「認知」と「行動」です。勝手に出てくる自動思考や，自動的に取ってしまう行動もありますが，「認知」と「行動」であれば，自分で気づいて工夫をしたり，選んだりすることが可能です。

　悪循環から脱出するために認知のコーピングと，行動のコーピングを工夫して，その中で悪循環が解消されていきます。これが CBT の第二段階です。

　第一段階と第二段階を繰り返すうちに，クライアント自身がアセスメントとコーピングの達人になり，このモデルを使って，自分に起きていることを理解し，悪循環から自分を救うコーピングを見つけることができるようになる。これが CBT の考え方とやり方です。

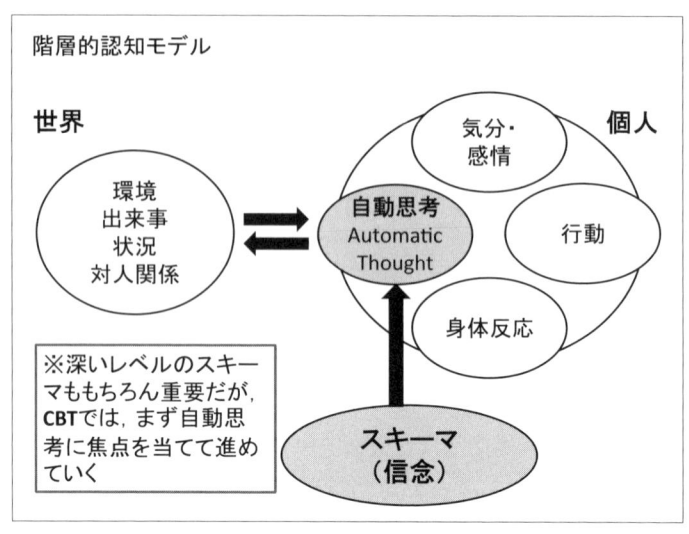

図1-2　階層的認知モデル

階層的認知モデル

　それから，今日はあまり詳しくご紹介しませんが，認知を階層的に浅いレベルと深いレベルに分けて見るというモデルがあります。それが階層的認知モデルです（図1-2）。
　浅いレベルにある，その場その場で頭に浮かぶいろいろな考えやイメージのことを「自動思考（Automatic Thought）」と言います。この自動思考は，環境，出来事，状況に対して発生します。
　そして，もうひとつ自動思考の元になっているのが「スキーマ」です。日本語では，認知構造，信念，思い込み，構えなどいろいろな表現があります。自動思考の元になっているその人なりの深い思いです。その場その場の自分の自動思考と，それを支える深いレベルのスキーマというように，浅い部分と深い部分を分けて認知を見ていくこともあります。

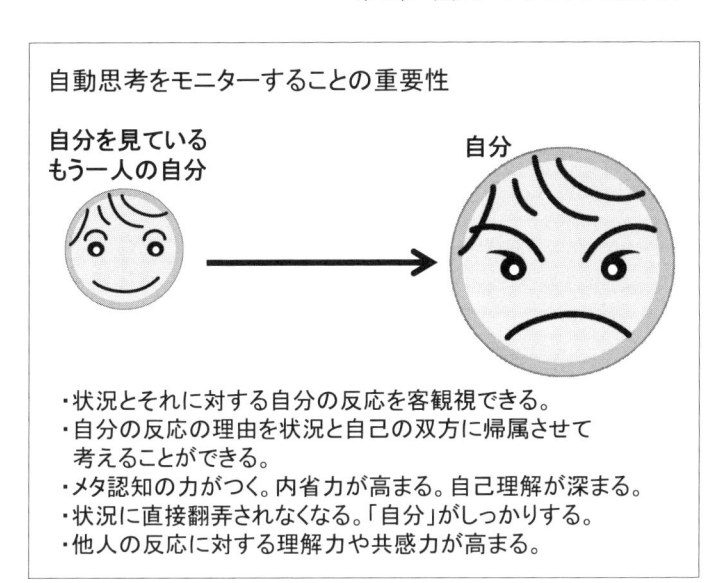

```
┌─────────────────────────────────────────────┐
│ 自動思考をモニターすることの重要性             │
│                                             │
│ 自分を見ている            自分                │
│ もう一人の自分                                │
│   (😊)  ──────▶   (😠)                      │
│                                             │
│ ・状況とそれに対する自分の反応を客観視できる。  │
│ ・自分の反応の理由を状況と自己の双方に帰属させて│
│   考えることができる。                        │
│ ・メタ認知の力がつく。内省力が高まる。自己理解が深まる。│
│ ・状況に直接翻弄されなくなる。「自分」がしっかりする。│
│ ・他人の反応に対する理解力や共感力が高まる。    │
└─────────────────────────────────────────────┘
```

図 1-3　自動思考をモニターする

　スキーマを本格的に扱うセラピーとしてスキーマ療法というものがあります。CBT が発展して作られたセラピーです。しかし CBT においては，まず大事なのはスキーマではなく，その場その場の自動思考にいかに気づくか，そしてそれらの自動思考といかに付き合うかということです。ですから，今日のワークショップでは自動思考に焦点を当てて進めていきます。

自動思考をモニターすることの重要性

　自動思考をモニター（観察）するということはとても重要です。その場その場で頭に浮かぶ自動思考をモニターするということは，要するにその自動思考が浮かんでいるもう一人の自分を見るということです。自分の自動思考を見るもう一人の自分をつくるということになります（図1-3）。

まずCBTが始まると，どのケースでもクライアントには自動思考をモニターする練習を始めてもらいます。すぐできるようになる方と，相当時間がかかる方がいます。ただし，時間をかけてでも自動思考はモニターできる必要があります。これは，今日のワークショップが進んでいく中でご理解いただけると思います。

　まず，自動思考をモニターする練習をしてもらい，自分の反応を見るもう一人の自分をつくってもらうということになります。ただし，自動思考をモニターするということは，自動思考だけをモニターするのではありません。結局，基本モデルにある全部をモニターすることになるのです。自分の周りのある環境に対して，「自分の中にこんな自動思考が出てきた」「そのことにはこんな思いがある」「それに絡んでこんな感情が自分の中に湧き出てきた」「身体にこんな反応が出てきた」「それに対して自分は今こういう行動を取っている」「その行動を取ったら，相手はこんな反応を示してきた」。そのような感じで，自動思考をモニターするということは，結局，自分を丸ごと見るということにつながっていきます。そして，自分と相手，自分と環境がどういう関わりをしているかということを見るというところにもつながっていくのです。

　トレーニングを通じて自動思考をモニターできるようになると，状況とそれに対する自分の反応を客観的に見ることができるようになります。逆に，自動思考がモニターできないと，自分の感情や自分の行動の原因が全部自分の外側の状況になってしまいます。「相手にこうされたから，こうしてやった」「こういうことが起きたから，こんな気持ちになってしまった」「こういうことをされたから，こういう行動を取ってやった」。そのような説明になりがちです。自動思考をモニターできるようになると，ある状況に対して「こんな思いが出てきたから，自分はこんな気持ちになって，こういう行動を取った」という感じで，自分のいろいろな反応の理由を，単に状況だけではなく，自己と状況の両方に帰属させて考えることができるようになります。

また，自動思考は，認知を見るもう一人の自分ということでは，「メタ認知」ということになります。メタ認知の力がつき，あるいは内省する力が高まり，「自分はこういう反応をしやすいのだな」「自分ってこういう人なんだな」という感じで，自己理解が深まっていきます。

　それができると，状況に直接翻弄されなくなります。状況を自分がどう見ているのかという視点ができ，主体的に状況に関われるようになります。ざっくりとした言い方ですが「自分」というものがしっかりしてくる。自分に対する理解がしっかりできるようになると，今度は他人の反応に対する理解力や共感力が高まってきます。これが大事です。

　たとえば，自閉症スペクトラムの方は他人に対する共感力がない，心の理論がうまくいっていないという言い方をします。ではその人たちにいきなり他人に対する理解度を高めるトレーニングをすればいいのでしょうか。そうではありません。まずメタ認知をつくっていって，自分自身に対する理解がしっかりできるようにする。そうすれば，今度はそれが他人に対する理解につながっていくのです。

　自動思考をモニターすることを通じて，自分をしっかり見ることができるようになる。そうすれば，今度は同じ視点で人のことも見られるようになります。この流れがとても大事です。

　そして，今注目されている概念として，「マインドフルネス」があります。自動思考をモニターする一歩先には，このマインドフルネスがあります（図1-4）。

　マインドフルネスとは何か。自分のいろいろな反応，体験に飲み込まれないということ。そして，それらを見るときの構えとして，批判したり，評価したりということを一切せず，ただそのまま眺め，受け止め，受け入れるということです。自分の反応をリアルタイムでモニターし，「自分は何でこんなことを思っちゃったりしているのだろう，ダメじゃない」とか，あるいは否定的な感情が出てきたときにも，その感情が嫌だとか判断しないで，ポジティブなものであれ，ニュートラルなもので

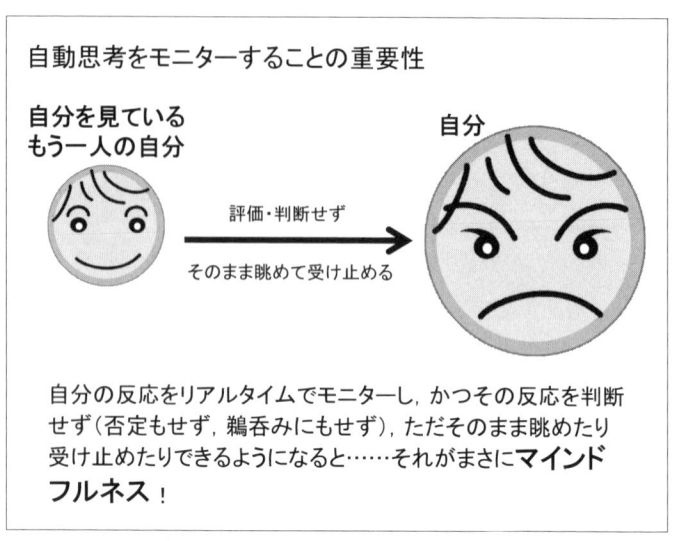

```
┌─────────────────────────────────────────────┐
│  自動思考をモニターすることの重要性            │
│                                              │
│  自分を見ている                  自分         │
│  もう一人の自分                               │
│                                              │
│      (^_^)    評価・判断せず    (>_<)        │
│              ─────────────▶                  │
│              そのまま眺めて受け止める         │
│                                              │
│  自分の反応をリアルタイムでモニターし，かつその反応を判断 │
│  せず（否定もせず，鵜呑みにもせず），ただそのまま眺めたり │
│  受け止めたりできるようになると……それがまさに**マインド** │
│  **フルネス**！                                │
└─────────────────────────────────────────────┘

図 1-4　自動思考をモニターする先にあるマインドフルネス

あれ，ネガティブなものであれ，評価をしないでそのまま受け止める。それがマインドフルネスです。

　マインドフルネスというと，レーズンのワークをはじめ，瞑想的なワークなど，いろいろあります。それぞれとても大事で面白いのですが，そういうワークをわざわざしなくても，自分の反応をそのままモニターして，それをしっかり受け止めることができると，マインドフルネス的な構えができるようになります。この話はまた後でも出てきます。

　今は初級ワークショップのおさらいをしていますが，初級ワークショップではとにかく自動思考をモニターすることがいかに重要かということを強調しています。

　クライアントには，このように CBT の基本モデルに馴染んでもらいます。特に，私たちの体験は刻々と移り変わっていきますから，基本モデルを念頭に置きつつも，自動思考を中心に自分の反応をリアルタイムに気づいて受け止めるという練習をしてもらいます。そして，それを習慣化してもらうというのが第一歩になります。
```

表1-2 認知行動療法の基本原則

1. 常に基本モデルに沿って体験を理解する
2. セラピストとクライアントはチームを形成し，実証的視点から協同作業に取り組む＝実証的協同主義
3. 「今・ここ」の問題に焦点を当て，問題を理解し，解決を目指していく＝問題解決アプローチ
4. 心理教育を重視し，クライアント自身がセルフでCBTができるようになることを手助けし，再発を予防する
5. ホームワークを出すことによって，日常生活でクライアントがCBTを実践することを重視する
6. 毎回のセッション，そして初回から終結までの流れを構造化する

そのときに，何にストレスを感じやすいかというのは，人によってそれぞれ違うと思います。小さなストレス体験を見流さず，「ネタ」としてしっかりと使っていきます。もちろん，ストレスだけでなく，ニュートラルな体験やポジティブな体験も，自分の体験をすべて「ネタ」として使っていくことができます。

認知行動療法の基本原則

認知行動療法の基本原則は，初級ワークショップでお伝えしたことですが，ここであらためて確認をしておきましょう（表1-2）。

●基本原則1．常に基本モデルに沿ってクライアントの体験を理解する

大事なことは，常に先ほど紹介した基本モデルを使って体験を理解していくということです。理解するときは枠組みがあったほうがやりやすく，CBTではこのような枠組みを使っていきます。

●基本原則2．セラピストとクライアントはチームを形成し，実証的視点から協同作業に取り組む＝実証的協同主義

CBTの治療関係として，セラピストとクライアントはチームを作っていきます。そして，実証的視点から協同作業に取り組みます。「実証的」というのはデータに基づいているということです。頭の中の観念で話をするのではなく，実際に何が起きているのか，データをあげてそれを一緒に見ていく。そういう関係性をつくっていきます。

●基本原則3.「今・ここ」の問題に焦点を当て，問題を理解し，解決を目指していく＝問題解決アプローチ

これもとても大事です。基本的にはリアルタイムで，「今・ここ」で何が起きているのか。起きている問題をまず理解する。そのうえでその問題をいい方向に持っていくためにはどういうコーピングを使ったらいいのか，問題解決的なアプローチを取っていくということになります。

●基本原則4. 心理教育を重視し，クライアント自身がセルフでCBTができるようになることを手助けし，再発を予防する

CBTでは心理教育を非常に重視します。情報提供をしていき，クライアント自身でCBTを学んでもらいます。学んでもらうことによって，自分でCBTができるようになってもらう。セルフヘルプができるようになってもらう。これが再発予防につながるのです。

●基本原則5. ホームワークを出すことによって，日常生活でクライアントがCBTを実践することを重視する

CBTで特徴的なのが，ホームワーク（宿題）を出すということです。日常生活で実践してもらうということがないと，CBTを習慣化するということが難しくなります。ですから，セッションでやったことをとにかく宿題を使って日常生活でクライアント自身にやってもらいます。

自動教習所で運転免許を取って，そのまま運転をしないと，ペーパードライバーになってしまう，それではもったいない。ですから，普段の

表 1-3　自己紹介のアジェンダ

> **ウォーミングアップ**
> アジェンダ
> ①自己紹介（名前，職種など）
> ②最近活躍中のコーピング
> ③本ワークショップで学びたいこと

生活で自分のクルマで運転をしましょうということとまったく同じです。

●基本原則6．毎回のセッション，そして初回から終結までの流れを構造化する

　初級ワークショップで強調したのは，この構造化ということでした。時間の流れに段取りをつけて進めていく。自然な流れに任せないということです。目次を作るような感じです。目次を作って，その目次に沿って進めていく。この構造化の話は今日もこの後で詳しく出てきます。

　ここまでが初級ワークショップのおさらいです。

❖ウォーミングアップ－自己紹介のアジェンダ

　今日はワークショップですので，一方的に私が話すというよりは，皆さんに参加をしていただきたいと思っています。ここでウォーミングアップを兼ねて，自己紹介をしていただきます。

　表1-3にアジェンダという言葉が出ていますが，CBTでは重要な言葉です。構造化にも絡むのですが，クライアントと1回のセッションを進めていく中でも，自由な流れに任せずに，今日はこれとこれとこれをやりましょうということを決めていきます。その項目のことをアジェンダと言います。

　これから皆さんに発言していただきますが，その項目の1つめは，自

己紹介です。それから，2つめは，コーピングという言葉が出てきましたので，今活躍中の皆さんのストレスコーピングを1つか2つ披露していただきます。3つめは，今日せっかくいらしていただいたので，このワークショップでこんなことを学んでみたいということを具体的にお話しください。

　（自己紹介は略）

第2章
CBTをいかにして導入するか
(インテーク面接)

当機関のインテーク面接について

　CBTをいかにして導入するかということですが，まずは私たちの機関でのインテーク面接についてご紹介します。ただし，そのまま使えるところと使えないところがあると思いますので，どのように応用すればいいのかという話をしていきます。

　当機関は，「洗足ストレスコーピング・サポートオフィス（SSC）」と言います。私たちのところでは，インテーク面接は2時間コースになっており，時間をかけて集中的にやっています。インテーク面接記録シート（巻末付録1）に記入をしながら，面接を進めていきますが，インテーク面接でやることはたくさんあります（表2-1）。

　最初に，インテーカーが自己紹介を行い，インテーク面接がどういうもので，インテーク面接を始めていいですかという確認をします。ちなみに，インテーク面接自体はCBTではありません。CBTを始めるか否かを決めるための準備のための面接です。

　そのうえで，「インテーク面接でこれだけのお話をうかがいます。今日はこれとこれについてお話を聞き，こちらからお話をします」というようにアジェンダを提示します。

　次からがインテーク面接のアジェンダになります。うちは精神科からの紹介が多いので，紹介状の確認や，あるいはほかの機関に通っている

表 2-1　当機関（SSC）のインテーク面接（2 時間コース）

- インテーカーの自己紹介とインテーク面接開始の確認
- インテーク面接のアジェンダの提示
- 医療機関，相談機関への通院通所について確認
- 現在の生活状況の聴取
- 生活歴の聴取
- 主訴の聴取
- 当機関での CBT についての心理教育
- CBT を開始するか否かの意思決定
- 担当者，曜日，頻度などについての話し合い
- インテーク面接へのフィードバック
- 「お疲れ様でした！」→予約とお会計
※詳細は『認知行動療法実践ワークショップⅠ』を参照

のかなどを確認します。その後で，今の生活状況をおうかがいします。インテーク面接記録シートの 2 ページ目に，現在の生活状況を書く欄があります。今誰と暮らしているのか。仕事はどうしているのか。人との関わりはどうなのか。健康状態はどうなのか。生活習慣はどうなのか。とにかく，今の生活がどうなっているかということを，ざっとおうかがいします。

　そのうえで，3 ページ目に，生活歴・家族歴を書く欄があります。どこで生まれて，育ち，小さいときにどんな家族構成だったか。学校はどうだったか。学校を卒業して仕事はどうしていたか。そういうお話をおうかがいします。

　その後で，主訴を聞きます。主訴は最初に聞きません。今の生活がどうなっているのかという横軸と，これまでどう生きてきたのかという縦軸をある程度情報収集したうえで，4 枚目に入ってから主訴をおうかがいするのです。

　主訴に関しては，どういう主訴なのか。それがいつ発生し，その後どういう経過をたどっているのか。それに対してどういう対処をしてきたのか。サポートをしてくれる人が誰かいるか。その主訴に対してどうな

ればいいと思っているのかということを4枚目に書いていきます。

　ポイントは，現在の生活状況も1枚，生活歴に関しても1枚，主訴に関しても1枚に書き，一つひとつの質問に設けられている枠の範囲で聞いていくということです。ですから，インテーク面接では，たくさん聞き過ぎないということが重要です。主訴に関してクライアントの思いはいろいろあると思いますが，インテーク面接では記録用紙の枠の中で聞いていきます。

　生活状況と生活歴と主訴についてざっくりと聞いた中で，次にCBTの心理教育をします。あなたの話は大体わかりました。それに対して，当機関ではCBTというものをやります。それがどういうもので，どのように進めていくかということをお伝えします。これについては後で詳しく別のツールで紹介します。

　そのうえで，始めるのかどうするのかという意思決定を，基本的にはクライアントにしていただきます。こちらが決めるのではなく，クライアントに決めてもらいます。

　始めると決まったら，具体的に誰が担当するか，何曜日に来るか，どれくらいの頻度でやるかという話し合いをします。そして最後にフィードバックとして，実際にインテーク面接を受けてどうだったかという感想をお話ししていただきます。これについても後ほど具体的に説明します。

　ここで，「お疲れ様でした！」ということになり，始めることになった場合には，予約を取ってもらい，お会計ということになります。

　インテーク面接については，拙著『認知行動療法実践ワークショップⅠ』(星和書店，2010)に詳しく出ています。今日のワークショップの目的はケースフォーミュレーションであってインテーク面接ではありませんので，興味のある方はこちらの本をご参照ください。

インテーク面接で注意していること

　インテーク面接で私たちは何を注意しているのか。まずとても大事なことは，わざわざ来てくれたことをねぎらうということです。「ウェルカム！」の精神で，「本当によく来てくれましたね」という気持ちで接していきます。クライアントはいきなり知らないところに行って，知らない人に自分の話をするわけです。相当不安になるし，緊張します。話をしていけば，いろいろな思いも出てきます。それは当然のことですので，しっかりと受け止めていく。これは CBT に限らずカウンセリングやセラピーではとても大事なことです。

　CBT のインテーク面接ならではということでは，構造化された中で面接をするということがあります。フリートークにしていかない。「今日はこの話をこの限られた時間でおうかがいします」ということで，CBT の説明をし，始めるかどうかを決めます。生活歴や主訴を一つひとつ取っても，またその中に小さい項目があるわけですが，それも構造の中で聞いていきます。

　インテーク面接で大事なことは，話を聞き過ぎないということです。セラピーはまだ始まっていないのです。始めるかどうかを決めるための面接ですから，あまり聞き過ぎない。しかし，クライアントの中には，気持ちがあふれてきてしまい，それについてもっと話したいという思いが出てくることがあります。もちろん，思いは受け止めます。そのうえで，詳しい話はセラピーが開始されてから聞くことを保証し，その場では聞き過ぎないようにします。

　たとえば，インテーク面接記録シートの枠にはみ出てしまうくらい話が出てきたときには「それ，とても大事な話なんですよね。じゃあ，始まってからちゃんと聞きますね。シートにも書いておきますね」ということで，「あとでしっかり話を聞く」「始まってから詳しく聞く」という

ことをシートに書いておく。そうするとクライアントも安心します。

とにかくインテーク面接では聞き過ぎず，しかし聞く必要がある大事な話，詳しい話は開始されたらちゃんと聞くということを保証する。これが大事です。

CBTでは基本的にツールを使って何でも外在化します。ですから，当然インテーク面接で聞いた話も目の前で外在化します。シートを挟んだクリップボードをセラピスト側に向けて目の高さで記録を取っていくと，クライアントは何を書いているのかわからなくてすごく不安になります。ですから，シートをクライアントの目の前に置き，デスクの上の見えるところで書いていきます。なかには，記録をほしいという方もいらっしゃいますので，その場合はコピーして渡してしまいます。聞いた話は目の前で全部外在化していきます。

それから，私も試行錯誤をしましたが，今結論としてあるのは，主訴を初めから聞かないということです。先ほど話したように，ある程度横軸と縦軸で情報を集めた後で，「では，あなたの主訴は何ですか？」と聞いていく。そうすると，背景の情報が入っているので，すごく理解しやすいのです。主訴に関わる話は，インテーク面接の後半で聞いていくほうがいいと思います。

主訴を聞かれても，クライアントの中には，磨き抜かれた主訴を持って来る人と，「とにかくよくわからない，でもつらい，助けて！」という人がいます。後者の場合，主訴をインテーク面接で整えるというのは無理です。ですから，インテーク面接の主訴は暫定でいいのです。ひとまず主訴としておく。そして，始まったらしっかり整えることができるので，暫定的なものでいいですよというメッセージを伝えます。

インテーク面接はCBTを始めるかどうかを決めるためのものですから，CBTとは何かということをしっかり知っていただく必要があります。そこは時間をしっかり取って，何のためにCBTをやるのか，どういったことをするのか，どういった流れで進めていくのかというイメー

ジを持ってもらいます。そうしないと決められません。ここの説明はとても大事です。

「協同的実証主義」「協同的問題解決」と言葉は難しいですが，チームを作って，お互いにコミュニケーションをしながら，一緒に進めていく。そうしたCBTならではのあり方を体験していただき，「それって結構楽しいな」「心地良いな」「少なくても自分を脅かすものではないな」「そこに委ねてもいいかな」「取り組んでもいいかな」というポジティブなものとして経験していただくということがとても大事だと考えています。

CBTを始めるかどうかの意思決定は，クライアント自身にしてもらいます。習いごともそうですが，人にやれと言われて始めたら，「やらされた感」で進んでいってしまいますが，自分で決めて始めたのだということであればそれにコミットできるわけです。

当機関でのCBTについての心理教育

私たちが行っているCBTの心理教育についてご紹介します。

当機関では「認知行動療法カウンセリングについて」(巻末付録2)というツールを使っています。

私たちの心理教育には3つの柱があります。まず，1つめは「CBTの理念を示す」ということです。協同的問題解決や，自助のスキルの習得など，CBTはどういうものかという理念を示します。そして，2つめは「CBTのモデルを示す」ということです。基本モデルを示し，なぜ「認知行動療法」と呼ぶのかを説明します。そのうえで，3つめとして，始めるとしたらこういう流れで進めていきますという「全体の流れを示す」。このような3本柱でご紹介をしていきます。

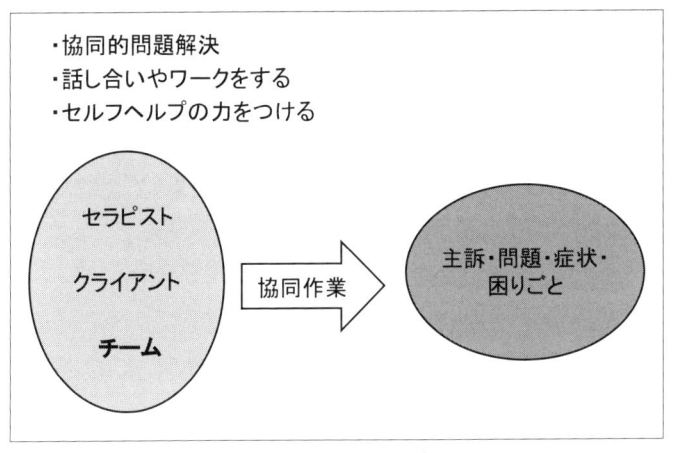

図2-1　CBT の理念

① CBT の理念を示す（図2-1）

　CBT というのは，クライアントとセラピストで，クライアントの抱えている主訴や問題，症状，困りごとに対して，チームを作って一緒に取り組んでいくものです。フリートークのカウンセリングとは違うという話をします。

　フリートークのカウンセリングは，基本的にクライアントが自由に話をして，カウンセラー＝セラピストが傾聴し，受け止めていくというやり方をします。

　しかし，CBT の場合は，一方的に話を聞くとか，こちらから話をするというセラピーではなく，お互いに話し合いをし，コミュニケーションを取っていきます。そのことを伝えます。

　そして，大事なことはワークをするということです。話をするだけでは問題は解決しませんので，いろいろなワークをします。何のためにそういうことをするかというと，最終的にはセルフヘルプです。クライアントが CBT を使って上手に自分を助けられるようになるために CBT というものがあるということを説明します。

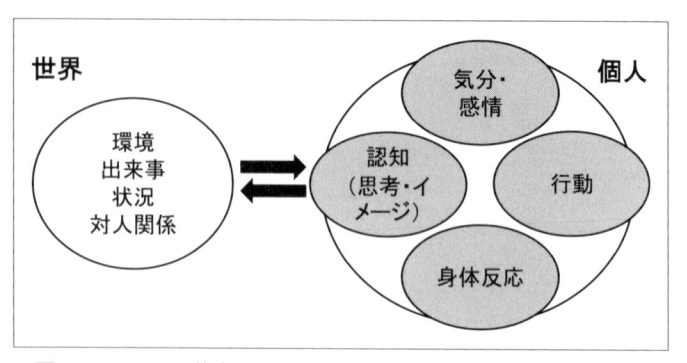

図2-2　CBT の基本モデル：なぜ「認知行動療法」というのか

② CBT の基本モデルを示す

「認知行動療法カウンセリングについて」というツールは，実際にクライアントにお渡しするものです。クライアントにお渡しして，一緒に見ながら CBT の理念をお伝えしていきます。そのうえで，ツールの2ページ目にある CBT の基本モデルを示し，先ほど説明したようなことをお話しします。そして，何で「認知行動療法」というかというと，あなたの悪循環を良い方向に変えていくために，「認知」と「行動」の面で工夫ができるからですよという説明をしていきます（図2-2）。

この段階ですでに主訴は聞いていますので，多くの場合，クライアントの主訴を例として説明します。主訴が具体的になっていない場合は，ちょっとした例を使ってなぜ認知行動療法と呼ぶのかということと，基本モデルの説明をします。来る人も，認知行動療法という堅苦しい名前について，十分に理解している人はあまりいません。「主治医に勧められた」「良いと聞いてきた」という人が大半ですから，ここで説明をすることで，「ああ，なるほどね」という感じで大体の方に納得していただけます。

表 2-2　CBT の全体の流れ：プロセスシート

> **認知行動療法：全体の流れ**
> 1. インテーク面接
> 2. アセスメント
> 3. 問題の同定
> 4. 目標の設定
> 5. 技法の選択
> 6. 技法の実践
> 7. 効果の検証
> 8. 効果の維持と般化
> 9. 再発予防計画
> 10. 終結
> 11. フォローアップ

③ CBT の全体の流れを示す

　そして，ツールの 3 ページ目が CBT の全体の流れになります。「インテーク→ヒアリング→アセスメント→問題の同定→目標設定→技法の選択→技法の実践→効果の検証→効果の般化→再発防止計画→終結→フォローアップ」というように，CBT はこのような流れで進んでいきますという説明をします（表 2-2）。

　モデルの紹介にしても，全体の流れにしても，出てくる言葉は堅苦しいものがあります。クライアントによっては「難しい」「自分には理解できないかもしれない」という不安を抱く方がいます。ですから，あらかじめこちらから言っているのは，今日はざっくりと理解していただければいいということです。モデルにしても全体の流れにしても毎回，毎回見るもので，この後嫌というほど出てきますし，何回も説明します。今日完璧に理解しなくとも，目の前に毎回あればそのうち覚えるので大丈夫。何となくわかってくれればいい。小難しいことが書いてありますが，大体でいいですということを最初に前置きをして，モデルの紹介をし，全体の流れを示します。

　この段階で説明をするのは，「今日はインテーク面接をしていますよ

ね」ということです。そして，もし始めるとしたら，主訴を整えたうえで，クライアントの抱えている主訴を理解し，どのへんがポイントか，問題点や目標を具体的に見つけていく。そして，その目標を達成するために，CBTにはワークのメニューがたくさんあるということを伝えます。クライアントの悪循環を理解したうえで良い方向に持っていくために使えそうなものを選び，それをいろいろ練習してもらう。そうすると，だんだん効果が出てくる。効果が出てきたら，その効果をいかに続けるか。「般化」といっていろいろ応用し，そのうえで，再発をどう予防するかということを話します。そして，終結になりますということを伝えます。

　最初から「終わり」を見せるということはとても大事です。特に，心理療法やカウンセリングは，実体がわかりづらく，どう進んでいくのだろうと，踏み込む側としてはとても不安になります。「終わり」が必ずありますということを最初から示しておくと，安心できます。これも構造化です。きちんとステップを踏んで進めていって，最終的には終わるものだということです。

　しかし，一方で，たとえば「見捨てられ不安」を持っている人は，「終わり」があるということになると，ここからも見捨てられてしまうという気持ちが活性化されることがあります。そういう人に対しては，終わりもありますが，フォローもするということを伝えておきます。そうすれば，終わりたい人もいいし，ずっとつながりたい人も，フォローしてもらえるということで不安が収まります。

　いずれにせよ，この段階でクライアントに説明をするのは，大まかな全体の流れです。前半は，クライアントの抱えている問題はどんなもので，それがどうなっているのかということを理解する段階。先ほどの問題解決でいくと，問題を理解していき，それを良い方向に持っていくためにはどうしたらいいのかという計画を立てる段階です。後半は，「こういう練習メニューやワークをしたらいい」というのが見えてくるの

で，それを実際にいろいろ試してみて，効果を出していく段階。問題解決でいくと，解決に向けていろいろ実践していく段階です。

　ここで強調するのは，「即効性はない」ということです。最近，CBT が有名になり，「CBT を受けるとすぐ良くなるのではないか」「すごく元気になれるのではないか」「たちまち症状がなくなるのではないか」という期待をして来る方もいます。水を差すことにはなりますが，即効性はないということを強調します。

　クライアントは自身の問題がどうなっているかわからないわけです。何が起きているのかということを理解して，初めてそこから自分が抜け出すためには「どうしたらよいか」ということが見えてくるものです。ですから，まず，「どうなっているか」を理解し，「どうしたらいいのか」を見つけていくことが重要なのだということを伝えます。

　全体の流れを示すプロセスシート（表 2-2）の 11 ステップの中で，"効果"というのは，7 番目のステップで初めて出てくる言葉です。クライアントにもそのように言っています。ですから，「即効性は期待せず，段階を踏んでしっかりと一緒に進めていきましょう」という伝え方をします。

　全体の流れの中で何回で終結＝卒業できるのか。どのくらい期間がかかるのか。当然ですが，クライアントにとってはすごく気になるところだと思います。しかしここでは残念ながらそれがわかりません。もちろん，最初から回数が決まっている CBT の場合は，それを伝えればいいと思います。しかし，決まっていない場合はケースバイケースで，10 回くらいで終わる人もいれば，50 回，100 回とかかる人もいます。期間にすると，2〜3 カ月で終わる人もいれば，半年，1 年かかる人もいるし，3 年，5 年かけて終結していく方もいます。

　ただし，それではあまりにも不安になると思いますので，私たちの場合は平均値が 30 回前後，期間でいくと 1 年〜1 年半くらい。多くの方が 30 回前後で最後までいきますということをお伝えします。期間とし

ては，前半はわりと頻繁に来ていただき，だんだん効果が出てくれば卒業すなわち終結に向けて頻度を落としていきます。

　もちろん，お金の問題や，あるいは数カ月後に転居することが決まっているといったことで，物理的な制約がある場合もあります。ですから，そこは，クライアントの希望や事情を聞いて刷り合せをしていきます。

　あまりにも限られている場合は，その限られている回数で終結に持っていくのはほぼ無理です。スカスカであまり意味のないCBTになってしまいます。その場合，先ほど少し紹介した自主トレをしてもらいます。CBTはワークブックやインターネットを使い，自分でトレーニングができますので，自主トレの計画を限られた回数の中で立てていきます。どういうワークブックをどのように使うといいのかということを，限られた3回なら3回の中でやります。

　このように，CBTの進め方についてツールを使って説明をしていきます。

インテーク面接に対するフィードバック

　インテーク面接の最後に，インテーク面接に対するフィードバックをクライアントから話してもらいます。これはとても大事です。
　CBTではセッションに対する感想や要望，苦情，注文など，どんなことを思ったのか，どんなことを感じたのかいうことを，毎回のセッションでクライアントから伝えてもらいます。もちろん，セッションの最後でなくてもいいのですが，とにかく毎回のセッションで必ず感想をお話ししてもらうということを伝えます。チームを作ってやっていくということはすでにお伝えしていますが，チームメンバー同士で率直にやり取りをしながら進めていくことが非常に大切で，クライアントからの

フィードバックがいかに重要か。必ず最後に感想をお話ししてもらいますということをお伝えしています。

　もちろん，「こんなことがわかって良かった」「こんな発見があった」「話ができて気が楽になった」など，良いことは言いやすいのです。しかし，重要なのは「疑問」「苦情」「注文」です。こういったことが発生した場合に，言いづらいかもしれませんが，言ってもらうことがとても大事なのだということを，最初にはっきりと伝えます。

　なぜ，それらが重要なのか。せっかくセラピーに来ているのに，「疑問」「苦情」「注文」を抱えたまま持ち帰って，かえってストレスになってしまうということがあります。また，「セラピストに言わなくてもわかってもらえる」「言わなくてもわかるでしょう」という方が時々いらっしゃるのです。ですがもちろん，話してもらわないとわかりません。言ってもらわないと私たちセラピストも気づけない。しかも，言ってもらった「疑問」「苦情」「注文」をベースに次のセッションの計画を立てるわけです。ですから，とにかく，言いづらくても，言ってもらうことがとても大事なのです。

　それをインテーク面接の最後に伝えますが，クライアントから断られたことは一度もありません。むしろ「へえ，言ってもいいんだ」と面白がってくれる方が結構います。もちろん，「感想が出なかったらどうしよう」という不安を持つ方もいます。感想が出なければ「出ない」と言ってくれればいい。要するに何を言ってもいいということを保証するわけです。そして，クライアントからのフィードバックが大事なのだということを伝えます。

　クライアントに了承してもらったら，実際にインテーク面接に対する感想を早速話してもらいます。ただし，私は小さな人間なので，あまりにも強烈な「苦情」や「注文」を言われると，正直言って「そこまで言わなくても」「ああ！こんなことを言われてしまった」みたいな感じで，胸に刺さることもあります。でもそこは，教えてくれてありがとう

ということで「ウェルカム！」の精神で受け止めます。「苦情を言っていいんですよ」と言われて，実際に言ったらセラピストに言い訳されたとか，否定されたという体験になると，そこでアウトです。ですから，とにかく何を言われてもこちらはしっかりとそれを受け止めます。

　もちろん，ここでそのことについて話し合いを始める必要はありません。「苦情」「注文」「疑問」については，また次回話し合いましょうということで，持ち帰ればいいのです。何か言われて，その場でやり取りを始めなくてよいのです。CBT の初心者でセッションの時間が長引いてしまう方は，感想に過ぎないのに，感想を取っ掛かりにして話し合いを始めてしまい，終われなくなってしまうのです。ですから，どんな感想であれ，「そういう感想なんですね」と，そこでいったん切って，それはまた次のセッションで生かせばいいのです。ときには，イタタタと思うような感想もありますが，それに対してもマインドフルに受け止めるとよいでしょう。

通常の臨床設定でどうインテーク面接を行うか

　ここまでが，今私たちがやっているインテーク面接のご紹介でした。ただし，インテーク面接のために 2 時間，時間を取るという設定自体が難しい状況も多々あるでしょう。私たちはあえてインテーク面接を重視してこのようにしていますが，通常の場合はどのように行えばいいのでしょうか。

　私も今の機関を開設する前には，精神科のクリニックなどで通常の 45 〜 50 分のセッションだけの設定で面接をしていました。また，企業にいたときはむしろ継続した面接が前提ではなく，シングルセッションで終結する場合もありました。

　そういった中でどういう工夫をしてきたか。特に，企業ではそもそも来談者が継続を前提として相談に来ているのか，それとも 1 回きりのシ

ングルセッションやお試し的な相談で来ているのかわかりません。ですから，継続を前提か，シングルセッションか，お試しかということを，最初に確認していました。

シングルセッションやお試しの場合には，インテーク面接をやってCBTを30回行いますという話ではずれてしまいます。シングルセッションやお試しの場合なら，別にアジェンダを決めて，1回でできることをすればいいのです。一方，継続を前提として来ている方であれば，やはりある程度時間をかけてインテーク面接はしたほうがいいと考えています。

クリニックにいたときは，最初から3セッションをインテーク面接のためにいただいていました。少し時間をかけて継続的にカウンセリングをするのであれば，クライアントのことをある程度教えてもらう必要があり，クライアントに何が提供できるかということも伝える必要があります。そのうえで，どうしようかという話をしたほうがいい。そのために3セッションをいただいていました。2時間をかけて1回でインテーク面接をするのではなくて，小分けにしてやらせてもらっていた，ということになります。

継続を前提として来ている方で，このようなお願いをして嫌だと言う方はいませんでした。そもそも，先ほどお伝えした構造で，インテーク面接をしっかり行うと，それ自体が治療的になることがあります。自分の生活を振り返ったり，自分がこれまでどのように生きてきたのかということをざっくりと振り返ると，今抱えている問題は何なのかということが明確になったりします。そして，それに対して自分はどうなりたいのかが見えてくると，それ自体が治療的に機能します。情報収集と言っていますが，ほとんど治療みたいなものです。

ですから，インテーク面接だけで治ってしまう人が時折います。インテーク面接だけで見通しが持て，もう大丈夫になりましたというのです。それから，こういったことをしっかり3回かけて行うと，それだけ

で良好な治療関係ができていきます。CBTのスタートを切るという意味では，インテーク面接をしっかり取ったほうがいいと思います。まとまった時間が取れない場合は小分けにしてやればよいのです。

CBTに特化していない機関でのCBTの導入

　私が運営しているSSCは，CBTの専門機関ということでやっていますので，CBT以外のセラピーは行いません。しかし，皆さんの中ではCBT以外のセラピーもでき，数あるセラピーのひとつとしてCBTを使うという方もいらっしゃると思います。私も実際にクリニックに勤めていたときは，CBTのセラピストではなく，心理療法のセラピストとして存在していました。ですから，全部のケースでCBTをやっていたわけではありません。

　そのような場合にどうやって導入すればいいのかということで，私が工夫していたことをお話しします。そもそも別に全てのケースにCBTを適用する必要はありません。他のアプローチでもかまわないわけです。そのセラピストが提供できるセラピーのひとつとしてCBTを紹介して，どのセラピーを選択するかはクライアントとともに相談して決めればいいわけです。

　私自身について言えば，そんなにたくさんのセラピーはできません。できるのは，CBTと，傾聴中心の来談者中心療法です。ですから，私が前の職場でクライアントに説明していたのは，私が提供できるカウンセリングは2つありますということです。1つは，クライアントにフリートークで自由にお話をしていただく。私はそれをしっかりと受け止めて，おうかがいしますということ。その場合，展開は自由です。話をしながら，自然に何かに気づいていく，気持ちが整理されていく，あるいは感情を出すことですっきりする。そういう自然な自由な展開に任せます。特に，宿題や課題もないですし，とにかく流れに任せる。そうい

う自由なセラピーが1つありますということを伝えます。

　もう1つがCBTです。これは先ほどご紹介したような説明をします。フリートークではなく，テーマを決めて，それに対して問題解決をするためのスキルを身につけてもらう。「話をする－聴く」の関係ではなく，お互いに話し合いをしていきます。宿題もあります。

　このように2つのやり方を紹介して，始めるかどうかということと，始めるとしたらどういうやり方がいいかということを，クライアント中心に決めていきます。しっかりデータを取っていたわけではありませんが，私の印象ではクライアントの8割がCBTを選んでいます。なかには作業が面倒臭い，とにかく話を聞いてほしいという人もいて，残りの2割の方がフリートークを選んでいました。

　最初に示しておくと何が良いかというと，あとで鞍替えができることです。最初にフリートークを選んで，たとえば途中で10回やってみてどうでしたかということでお互いに確認をします。そこで「やはり話をするだけでは変わらないから，もう少し積極的なCBTをやりたい」というように，途中で替える方が結構いました。逆に，CBTをやりながら，作業が面倒臭い，とにかく私は話をしたいということで，フリートークに鞍替えしてもいいわけです。CBTの枠組みの中でアジェンダとしてフリートークの時間帯をつくってもいい。そのへんはある程度柔軟に対応すればいいと思います。

当機関における心理テストについて

　私たちのところでは，インテーク面接の際に，心理テストを受けてもらっています。この心理テストに関しても，先ほどご紹介した『認知行動療法実践ワークショップⅠ』（星和書店，2010）に詳しく出ていますので，今日はこれ以上触れませんが，すべて質問紙です（表2-1）。ある程度，信頼性，妥当性が確認されている質問紙をストレスのモデルに

表2-1　SSCで使用している心理テスト（『認知行動療法実践ワークショップI』〔伊藤, 2010〕を参照）

---
1. 過去1年間のストレッサーとその重要度についての質問
2. 日本版GHQ28（中川・大坊, 1996）
3. BDI-II（小嶋・古川, 2003）
4. 気分調査票（坂野ほか, 1994）
5. 三次元モデルにもとづく対処方略尺度（TAC-24）（神村ほか, 1995）
6. 反すうスタイル尺度（伊藤・上里〔2001〕を改訂）（伊藤ほか, 2012, 認知療法研究, 第5巻1号, pp.94-106.）
7. 特性的自己効力感尺度（成田ほか, 1995）
8. 時間的展望体験尺度（白井, 1994）
9. 被受容感, 被拒絶感, 甘えの断念尺度（杉山・坂本, 2001, 2006）
10. ソーシャルサポート（下光・小田切〔2004〕の一部を使用）

沿って組み合わせ，記入していただきます。その結果は初回のセッションでフィードバックしています。

インテーク面接で起きうる問題とその解決

以上がインテーク面接のご紹介ですが，インテーク面接でどんな問題が起こりうるか，それに対してどういう解決ができるかということで，5つにまとめてみました。

①構造化が難しい

ワーと話してしまって，なかなか構造に乗ってくれない，構造に乗りづらいという人もなかにはいます。これを防ぐにはどうしたらいいか。単純な話で，初めにこちらから構造を示すということです。「どうぞ」みたいな感じで話し始めてもらってから止めるのではなく，今日はインテーク面接といって，これとこれに関して2時間の限られた中でやっていきますのでよろしくということを，最初に言ってしまう。そうすれば，そんなに構造化が難しくなることはありません。

しかし，話していく中で思いが出てきてしまい，ワーと行ってしまった場合は，どこまで行くのだろうと様子を見ていると，どんどん戻せなくなります。早めに戻すことが大切です。記録用紙をクライアントの目の前に置いて話をしていますので，それてしまったら，「ごめんね，今のこの話をしているんだけど」と，すぐに戻せばいいだけの話です。とにかく聞き過ぎないことです。

　小さな枠にしか書くところがありませんので，たとえば，どういう学校に行って，どういう体験をしたかということでも，その小さな枠の中で聞いていきます。さっきも言ったように，その中でとても大事な話があったら，それはCBTが始まってから聞くということを保証し，とにかく枠の中で話を聞いていくということをします。そして，CBTのコミュニケーションというのはそういうものなのだということを最初からお伝えしてきます。外れたら戻しますし，外れたら「悪いけど戻すね」ということをお伝えしながら，戻していきます。

　実は戻してもらって助かるというクライアントは少なくありません。「私，放っておくと，どうしても話がどこかにいってしまう。むしろ戻してもらうと助かる」とおっしゃる方は結構います。

　②開始するか否かが決められない
　CBTを開始するかどうか，インテーク面接の場で決められない場合があります。これは，本人が迷っているという場合もありますし，自分一人ではなくて家族と相談したいなど，いろいろ事情があります。別にその場で決めなくてもいいのです。意思決定をホームワーク（宿題）として持ち帰ってもらい，始めるかどうか決めてもらって連絡をしてもらうようにしています。
　ただし，連絡をくださいと言うと，いつまでも経っても連絡がない場合もあります。ですから，「いつまでに連絡をくれますか？　くれなかったら，こちらから連絡をします」と，そこまで決めてしまいます。

インテーク面接をしっぱなしで，このケースはどうなってしまうのだろうと，こちらも気になります。そこは区切りをつけたいので，インテーク面接の場で始めるかを決めなくてもしっかり意思統一はしておきます。

③担当者との相性を非常に気にする

　私たちのところでは，インテーカーと，CBT の担当者が同じになる場合もありますが，設定は別になっています。

　インテーカーはインテークだけを取る。そのうえで，CBT を始めることになったら，そのときに担当者を決めます。うちは曜日担当制で，月曜日のセラピストは誰というように曜日ごとに決まっています。ですから，担当者との相性ということではなく，何曜日の何時に来られるかということで担当者が決まっていきます。大体のクライアントはそれで問題はないのですが，時々担当者との相性をとても気にするクライアントがいます。

　こちらからは CBT は「習いごと」なので相性の問題は発生しづらいということを伝えます。自動車教習所に行かれた方は多いと思いますが，それこそいろいろな教官がいて，相性がいい教官もいれば，「このやろう！」と思うような教官もいます。でも，目的はその教官と仲良くなることではなく，クルマの免許を取ることです。ですから，相性の問題は，CBT も「習いごと」と見なすと，発生はしづらいということをクライアントにお伝えします。

　ひとまずその担当者と始めてみて，フィードバックしてもらいながら，お互いに良いチームを作って進めてもらえば，ほとんどの場合は大丈夫だとお伝えするのですが，それでもなお，「その人とうまくいかなかったらどうか」「相性が合わなかったらどうか」と，すごく気にする方がいます。問題が生じれば，まず担当者にフィードバックしてもらい，そこで問題解決してもらいます。どうしてもその担当者とは進めた

くない，担当を替えてくれという場合もなくはありません。その場合は，私たちの機関の特徴なのですが，「コンサルテーション・セッション」というものを設定しています。所長である私がそのクライアントに一度お目にかかります。それでどんな問題が発生したのか。担当者を替えてほしいというのはどういうことなのかということを聞き，それを乗り越えていくためにはどうしたらいいのかということを話し合うセッションを1回設けます。そのうえで元の担当者に戻るか，担当を替えるということもできるということをお伝えします。

実際に，そういった「コンサルテーション・セッション」が行われるのは，2年に1回くらいです。あまりにも気にする方は，こういった対処もできますということを伝えれば，ひとまずその担当者でやってみるかということで始められます。

④経過があまりにも長い

CBTは今抱えている問題に対する問題解決ですが，抱えている問題の経過が非常に長い場合があります。たとえば，対人関係が思春期の頃からうまくいかない。うつ病ひとつとっても，大うつのエピソードがつい最近始まったという方もいれば，難治性のうつで思春期の頃からずっとうつっぽかったという方がいます。

そのように非常に経過が長い場合は，いきなり主訴を引っ張り出してきてアセスメントする前に，どういう経過をたどってその主訴ができたのかということを共有するために，ヒアリングをするか否かを検討する場合もあります。

⑤主訴を決められない

主訴をインテーク面接で決められない場合があります。これは始まってから決めればいいので，心配しないでくださいということでおしまいにしてしまいます。

以上がCBTの導入の中でも，インテーク面接についてのご紹介でした。

❖グループワーク－ここまでの感想と疑問

それでは，ここまでの感想や疑問をお話しください。

> 参加者1：質問ですが，「インテーク面接で起きうる問題」で，経過が長い場合の対処のところです。ヒアリングを検討するということですが，CBTのモニタリングの話に入る前に，フリートーク的にアジェンダで入れて，1セッションなり2セッションなり，今まで苦しんで来られたというお話を受容しながらお聞きするというものを入れるということでいいのですか？
>
> 伊藤：フリートークというよりは，それを構造化されたセッションの中でツールに記入しながらお聞きしていきます。ヒアリングの際に用いるツールは後ほどご紹介します。
>
> 感想は何かありますか？
>
> 参加者1：具体的にこのように進むのかという時間の経過が少しイメージできた気がします。
>
> 参加者2：CBTをやりたいと思って来たクライアントの中で，話を聞いていくうちにこの人はCBTではないのではないかと思ったときはどうされているのですか？
>
> 伊藤：私たちのところは「CBTをやるところ」と決めていますので，「CBTをその人にどう適用するとうまくいくのか」という発想で見ています。CBTどころか，あまりにも状態が悪くて，セラピーに通うことができないのではないかという場合は，もちろんCBTも始められません。それ以外の方で，ここに通うことができて何らかのニーズを持っていらっしゃる方の場合は，CBTかCBTでないかではなく，

このケースにどうCBTを使っていくかという問いを立てています。

参加者2：たとえば，ちょっと始めたけど「やっぱり私，話したいみたい」「フリートークで話したい」みたいなクライアントがいた場合も，その中のどこでCBTがうまく適用できるでしょうか？

伊藤：CBTで問題解決のために取り組みたいけれども，一方でフリートークの時間がほしい。話を聞いてもらい人の場合は，CBTの構造の中でフリートークというアジェンダを設定して，その時間帯の中では自由に話してもらう。そのようにしています。

感想はありますか？

参加者2：「インテーク面接で起きうる問題とその解決」がすごく具体的で参考になりました。構造化って難しいなと思ったのですが，記録用紙を出して書いていけば戻しやすいというお話は，確かにそうだなと感じました。

参加者3：まず感想ですが，改めてインテーク面接ではこんなにたくさんのことをやっているんだというのを感じました。初回ですし，セラピストのスキルが一番必要なところなのだと思います。注意していたけど忘れていたというところを改めて復習できました。

質問ですが，私は企業でやっているのですが，なるべくインテーク面接を行うほうがいいと思っています。しかし，クライアント自身も続けたいのか，シングルセッションかどうかもわかっていなくて，何となく来てしまったみたいな方も多くいます。そういう方の場合，それでもインテークをしたほうがいいのか，まず話を聞きましょうかみたいな感じでいいのか，ちょっと迷うときがあります。流れの中で成育歴が聞けるときがあったりもしますが，インテークとしてあまり構造化していないという感じがしていたので，その場合に注意したほうがいい点はありますか。

伊藤：継続している場合は，後からインテークをやっても構わないので，それはありだと思います。私が企業にいたときは，むしろ1回で何かがほしいという方が結構多いという感じがしていました。その場合，この1回で何をするかということを，最初に決めてしまうほうがいいと思います。1回のセッションであなたは何を求めているのですか。問題解決の見通しを立てたいのか。とにかくお話をしにきたのか。あるいは何かアドバイスがほしくてきたのか。1回で求めていることを暫定でもいいのでお話ししてもらう。それすらわからない場合は，ひとまず何でここに来たのということを聞かせてくださいということになると思います。

参加者4：2時間の中でインテークを聞いて，かつCBTの説明までしています。自分でやったら時間内に収めるのは難しいと思いながら聞いていました。

質問ですが，自分の職場では，最初はCBTをやるということではなく，別のところでインテークの成育歴や，本人が今回どうしてそういうことになったのかという話を聞いています。その後，CBTをやってみようかという話になったときに，改めてインテークの時間を構造化して取らないといけないのでしょうか。あるいは今まで使ってきた情報も合わせながら，ゆるい感じで後から埋めていけるところを埋めていけばいいのでしょうか？

伊藤：そこはクライアントと相談して決めればいいと思います。たとえば，私たちのところに来られるクライアントの中にも，成育歴などをびっしり書き込んだ紙を持ってきたり，情報量の多い紹介状を持って来られたりする方もいます。その場合は，そこに書いてあることが合っているかどうかの確認はしますが，改めて聞く必要はないか，あるいは改めてここで話しておきたいかという確認をします。それは，選んで

もらえばいいと思います。

参加者5：私は産業現場でやっているので，基本的に重い病気になった人は来ません。大きく分けると，1つは人間関係でハラスメントを受けていて精神的にまいっている人。もう1つは，仕事がまったくできなくなってつらくて困っている人です。その人の状態はわかっていますので，どうしたらいいか，無意識に構造化をしていたということが，先生の話を聞いていてわかりました。

それから，時間が取れるのが5分，10分の場合もあり，20分以上は無理なのですが，その中でも意識的に手順を踏んで構造化をしていくことが重要だということを感じました。今後もやっていきたいと思います。

参加者6：インテーク面接の中で主訴をちゃんと聞かなければならない，始めるかどうかをCBTの説明をしたうえで決めてもらわなければといけないというのがこれまで頭にありました。でも，今後話せるという保証をすれば，関係性も崩れないし，その場でそんなに焦らなくてもいいとわかったので安心しました。

質問ですが，インテーク面接での心理教育で，主訴がわかっているときは，それを使ってCBTのモデルを説明すると教えていただいたのですが，主訴がまとまりきれていない場合にはどうしたらいいのでしょうか？

伊藤：「認知行動療法カウンセリングについて」（巻末付録2）という心理教育用のツールのモデルのところに，「例えば」ということで例が書いてあります。「道を歩いているときに，すれ違いざまに舌打ちをされたとき……」「急いでいるときに，自分が渡ろうとしている横断歩道の青信号が点滅していたとき……」。そういうちょっとした例を示して，そんなときだとどんなことが頭に浮かびそうか。舌打ちされたと

きに「なに，この人！」「怖い」「何かされるのではないか」とか。そう思うとどんな気分になりそうか。「不安」「怖い」とか。身体にどんな反応が出そうか。「ビクッとする」「ドキッとする」「緊張する」とか。行動としてどうするか。「怖いから遠回りしていく」とか。そのような感じで，ちょっとした例でご紹介していきます。

参加者7：インテークでいろいろ確認することや伝えることがかなり多いので，時間的にやれるのかなと私も思いました。逆に，かなり構造化されているので，これを使うとやりやすそうだなという気はしました。質問ですが，クライアントによってはこういうものを話してくださいと言ってもなかなかまとまらずに，「ここのところは話せません」みたいな感じが出てくる場合があります。そこは深く追求する必要がないのでしょうか？　それから，カウンセリングを進めていく中で，「これやっぱり話します」というようなやり方でもいいのでしょうか？

伊藤：よい質問をありがとうございます。それでいいと思います。インテークの初めにクライアントに，「今日たくさんいろいろな項目について質問をして，あなたに教えていただくことになるのですが，話したくないこともあるかもしれません。話したくない場合は，話したくないと言ってくれれば，それで大丈夫です」と，そこも最初に伝え，保証しています。

参加者8：CBTは「協同的問題解決」ということですが，その一言を実現するのは実際には難しい。でも，このインテーク面接の中で「協同的問題解決」を実現するためのいろいろな工夫がたくさん詰め込まれているということを改めて感じました。

質問は，インテーク面接では時間が限られている中で，現在の生活状況や，これまでの生活歴を聞いて，主訴を最後に聞いて，さらにその

後にCBTの心理教育をします。主訴のところでどれくらいの時間がかかるのか，ある程度まとめられるのか，やってみないとわからないと思います。何を優先してやっていけばいいのか，時間配分について教えていただけますか。

伊藤：時々インテーク面接で遅刻をして来る方がいます。その場合，最初の契約で，うちは予約制で遅れて来られても延長は絶対にしませんという約束をします。ですから，インテーク面接で遅れて来られても延長はしません。それが約束を守るということです。

たとえば，2時間枠で1時間遅れて来られた場合ですと，全部をやることはできません。ひとまずその日にインテークとして成立させるためには主訴を聞かざるを得ません。何に困って，何を求めてここに来たのかということや，当機関で提供できること。それらに絞って1時間で話をして，決められそうなら決めます。決められなかったら，もう1回インテーク面接を設定して出直してもらう場合もあります。1時間で主訴とCBTの説明をして，ひとまず始めましょうということになった場合，未記入のインテーク面接の用紙が残ります。それは，インテーク面接で聞くべきことが聞けてなかったということで，そこは始まってから改めて聞くということを担当者と確認しています。

参加者9：私は看護師をしているのですが，「インテーク面接記録シート」は，患者さんが入院されたときに聞く紙とかなり似ています。誰がやっても同じことをある程度しっかり押さえて聞けるという点で，すごくいいなと思いました。一方で，心理の実習や，実際にカウンセリングをする際に，こういうものを使わせていただけるところに，私は今まで出会ったことがありません。先生のところはCBTしかやらないということを前提にされているので，こういうツールを使ってイン

テーク面接をされているのでしょうか。それとも，別の技法をやるところでも，こういうツールを使ってインテーク面接をしても，技法との間に矛盾が生じたり，悪影響が出たりすることはないのでしょうか？

伊藤：インテーク面接は，CBTに限らず，情報収集をして，何ができるかということを伝える，ある種のインフォームド・コンセントみたいなものです。セラピーを始めるための手続きを，しっかりと記録に取り，外在化してわかるような形にしておくということはとても大事だと思います。CBTであってもなくても，このようなやり方はあっていいのではないかと考えます。

参加者10：インテーク面接といえども，すでにCBTの枠組みが採用されています。インテーク面接だけで治ってしまう人がいるというのは，CBTの枠組みが機能しているのかなと思いました。

質問ですが，インテーク面接の中で，自殺のリスクをはじめとした危機的な管理のところはどういった形でやっているのでしょうか？　それから，インテーカーとセラピストが別々の場合，インテーク面接で得られた情報をどういう形でセラピストに提供しているのでしょうか？

伊藤：リスクに関しては，インテーク面接では自殺企図や自傷行為に関する話が出てきたらある程度聞きますが，インテーク面接で対処できることではありません。始まってから対処を考えましょうということにしています。

先ほどお話しした心理テストの中には，自殺念慮や自殺の危険性を見積る質問がいくつか入っています。初回のセッションで心理テストの結果をフィードバックするときに，そのあたりの話し合いはします。この後にも出てくる話題ですが，やはり自殺の危険性が高いケースは

あります。あるいは具体的な話になりますが，触法行為でつかまってしまうとここに来られなくなってしまうというケースもあります。たとえば，「万引きがやめられない」といった主訴を持つ人が，来る途中でそれをやってしまうかもしれない，という場合です。そのようにCBTの継続そのものを危うくさせるような問題が最初からわかっている場合は，まずはそちらの対処法を一緒に話し合って決めて，それが使えるようになってから，CBTの流れに持っていくということにしています。

それから，インテーカーと担当者の情報共有に関しては，まず重要なのは「インテーク面接記録シート」(巻末付録1)の記録です。とにかく出てきた話はしっかり記録に取っておくということです。シートの最後のページに，インテーク面接担当者の所見を書く欄が取ってあります。そこにどんな感じの人だったか，どういうコミュニケーションが取られたか，どういう難しさがあったかということも，全部書いてもらいます。

うちの場合，月曜日の担当者が取ったインテークが金曜日のケースになったとすると，月曜日と金曜日の担当者が直接顔を合わせて，お話しすることが物理的に難しいので，基本はシートを通じて準備をしていきます。そして，私がスーパーバイザーをしていますので，私自身がインテーカーからインテーク面接の報告を受けて，担当者とまた打ち合わせをします。私が入るのと，シートを使うという2通りで引き継ぎをしていきます。

第3章

主訴を同定し，エピソードの
アセスメントを行う

初回セッション

　インテーク面接で暫定の主訴を出しますが，CBTを始めるということになったら，しっかりと主訴を同定して，その主訴に関わるエピソードのアセスメントを行っていきます。ここが今日の一番重要なところで，これから相当時間を使ってやっていきます。

　CBTを開始するということになると，初回セッションが始まります。ここからCBTのセラピスト＝担当者が継続して会っていくことになります。初回セッションは重要です。まず何をするかというと，CBTを開始することについての意思確認を行います。そして，「インテーク面接でのCBTの心理教育」のおさらいをします。

　最も重要なのが，1回のセッションの流れについての心理教育です。インテーク面接では全体の流れをご紹介しました。私たちのところでは1回のセッションは45〜50分の枠ですが，その枠をどう使うか。橋渡し→アジェンダ設定→各アジェンダへの取り組み→HW設定→感想という，1回のセッションの構造についての心理教育を行います。

　図3-1は，「認知行動療法カウンセリング全体の流れ」で，インテーク面接でクライアントにもお渡ししているものです。これはセラピスト側が持つ一人ひとりのクライアントのファイルの1枚目にも入れてあります。これは進行表のような使い方をします。「この間はインテーク面

認知行動療法カウンセリング
全体の流れ

```
1．セッションの流れ
1. 橋渡し・HWチェック
2. アジェンダ設定
3. アジェンダに沿った話し合い
4. まとめ（HW設定・振り返り）
```

1. インターク面接

2. 全体像のアセスメント

3. 問題の同定

4. カウンセリングにおける目標の設定

5. 具体的な手段・技法の選択

6. 具体的な手段・技法の実践

7. 効果の検証

8. 効果の維持と般化

9. 再発予防の計画

10. 終結

11. フォローアップ

図3-1　プロセスシート：認知行動療法の全体の流れと1セッションの流れ

接をやりました。今日からアセスメントを始めます」という感じで，このシートに日付や何回目のセッションでどこまで来たのかを記入して確認します。これを目次のようにして，自分たちは今どこまで来ているのかを全体の流れの中で毎回確認していきます。

このツールの右上のところに1回のセッションの流れが書いてあります。

①橋渡し・HWチェック
「橋渡し」というのは，英語では「bridging」と言いますが，前回から今回にかけて，何か大きな変化や出来事があったかなかったか。そういうチェックをします。HWはホームワーク（宿題）のことで，書いてきた宿題をもらったり，どのようにやったか簡単にチェックをします。

②アジェンダ設定
アジェンダ設定は，初級ワークショップでワークをしたところです。今日限られた時間の中で何をするのか。どういう話題，テーマで時間を使うか。セッションの目次作りをします。

③アジェンダに沿った話し合い
アジェンダ設定をしたうえで，そのアジェンダに沿って話し合いをしたり，ワークしたりしていきます。

④まとめ（HW設定・振り返り）
最後はまとめということで，宿題（ホームワーク＝HW）を決めたり，感想を言ってもらったり，おさらいをしたりして，そのセッションを閉じていきます。

こうした1回のセッションの流れを心理教育します。以上のような説

明をし，「この進め方でいきたいのですがどうですか？」と聞き，嫌だと言われたことは一度もありません。

　重要なことは，「アジェンダ」についてきちんと説明することです。アジェンダというのは話題，議題，テーマということです。それを決めて，それに沿って進めていくのがここでのセッションだということです。ですから，先ほどご質問のあったフリートークも，フリートークというアジェンダとして，CBTの中に入れ込んでいけばいいのです。

　ここで必ず私からクライアントに説明するのは，「あなたが何も提案をしなくても，セラピストのほうで今日の時間を使い切るくらいのアジェンダを必ず最初に用意しておきます。それは面接の記録用紙にも書き出しておきます。ですから，まず私からアジェンダを提案して，それでいいよということなら，いいですと言ってください。だけど，あなたのほうでもセッションで話したいこととか，私が提案した以外のことでやりたいことがあるかもしれない。その場合はこのアジェンダ設定のときに必ず出してください」ということです。

　要は，後出しはしないでくださいということです。あらかじめアジェンダを決めるときに，必ず出してほしいということをお伝えします。この提案も拒否されたことは一度もありません。おそらくセラピストがあらかじめ決めておいてくれるというのは気が楽なのだと思います。自分が何か提案しなくても，行けば話題が用意されている。自分から提案することが苦手な人はとにかく行けばいいという感じで，気が楽です。加えて，「あなたも提案していいですよ」と言われることによって，自分が話したいことを話したいという方もニーズが満たされます。

　ただし，初回セッションに関しては，今回は1回目で特別なので，こういうアジェンダでやらせてくださいというようには極力しています。

初回セッションの通常のアジェンダ

　図3-2の面接記録用紙は，普段私たちがセッションで使っているものです。面接の回や日付などを書く欄があります。用紙の「本日のアジェンダ」のところに，私のほうであらかじめ書いておきます。何を書いていくかというと，次の6つです（表3-1）。

　「今日の初回セッションは大体こういう話題で進めていきたいのですがいいですか」と許可をもらいます。初回セッションから，緊急に問題が発生していたり，その前に話さないといけないことがある場合は，それを入れ込んでいきます。

　時間も大事です。限られた時間の中で優先順位を決めて，大事に時間を使う。実際には時計を見ながら進めていきます。私が面接をしている部屋では，クライアントと私が対面していますが，目の前に1つ時計があります。それから壁を見ると時計があります。私の向こう側に本棚があるのですが，本棚にも1個時計があります。クライアントの視界に入っているデスクにも時計があります。どこを見ても時計があります。

　今何分経ったからこうしようという感じで，細かく時計を見たほうがいいケースと，大雑把に前半，後半みたいな感じでゆるくていいケースがあります。どちらにしても，決められた時間を大事に使っていくという意味では，時計を一緒に見ながらアジェンダを進めていくということはとても大事です。私はセッションの最初に必ず時計に触って見るようにしています。「私は今，時計を見ています。この時計に従って進んでいきます」みたいな感じで，ちらっと見るという感じではなく，ここに時計があるよねというくらいの感じで，初回セッション，もう少し言えばインテーク面接から一緒に時間を確認して進めていきます。

　1回のセッションが45～50分ということなので，50分を越さないためには，遅くとも終了5分前の45分になったら，必ずホームワークの

第_____回面接　西暦　　年　月　日（　）時間　：　～　：
クライアント氏名：＿＿＿＿＿＿＿＿＿ 様　　クライアントID：＿＿＿＿＿
前回（第　　回）面接日：　　年　月　日（　）前回と今回の間隔：
担当者：　　　　　　　　　備考：
面接区分：CBT・SMS・FU

前回のHW，本日のアジェンダ（予定）

今回のHW，次回のアジェンダ（予定）

次回予約　有・無
次回（第　　回面接）予約日　　年　月　日（　）　時～
今回と次回の間隔：
備考：

図 3-2　面接記録用紙

表3-1 初回セッションの通常のアジェンダ

① CBTの開始の確認とおさらい
② 1回のセッションの進め方
③ 心理テストの結果の説明
④ 主訴の確認と今後の進め方の相談
⑤ ホームワークの設定
⑥ セッションに対する感想

設定や，感想にフォーカスしていきます。

　初回セッションの通常のアジェンダでは，上記の①〜⑥に沿って進めていきますが，「④主訴の確認と今後の進め方の相談」がとても重要です。これからいくつかそこでの対話の例をお示しします。その後で，実際に皆さんの中で協力していただける方に出てきていただき，主訴を具体化するやり取りのデモンストレーションを行います。

初回セッションのアジェンダ：「④主訴の確認と今後の進め方の相談」

　初回セッションの4番目にある「主訴の確認と今後の進め方の相談」は非常に重要なアジェンダです。クライアントが磨きに磨き，考え抜かれた具体的な主訴を持ってきてくれた場合は，それに乗って進めていけばいいのですが，そうでない場合がほとんどです。ですから，まずインテーク面接と治療初期のセッションで，何をテーマに私たちはCBTをやっていくのかを決める必要があります。

　主訴を同定し，絞り込む。これは初回セッションだけでなくてもかまいません。数セッションかかってでも，この作業はきっちりとやるべきです。これ自体が非常に治療的に働き，自分が今抱えている問題は何なのか，自分が今取り組むべき問題は何なのかがクリアになります。作業自体が，クライアントが自分の抱える問題を具体化・客観視することに

もつながり，有用です。

主訴の同定

　そもそも主訴とは何でしょうか。「困っていること」が主訴ではありません。時々スーパービジョンで出てくるのですが，クライアントの困りごとを聞いて，それにそのまま乗っかってセラピーをして，何だかわからなくなってしまっているケースがあります。

　困っていることが主訴ではなく，「CBTにおいてセラピストとクライアントが一緒に取り組むテーマ」は何かということが，CBTにおける主訴です。ですから，主訴の確認の仕方としては，「困っていることは何ですか？」ではなく，「ここでのCBTで，あなたはどんな困りごとに対して，私と一緒に取り組みたいと思いますか？」「困りごとはいろいろとあるかと思いますが，ここでのカウンセリングで，私と一緒に取り組みたい困りごとは何でしょうか？」ということです。

　困っていることはいっぱいあると思います。たとえば，お金がなくて困っている。それに対しては，CBTは何もできません。困りごとというのは誰もたくさん抱えています。それをすべてこちらが引き受けるのではなく，数ある困りごとの中で，私とあなたで何をするのか。それが主訴ということになります。

　主訴が複数ある場合は，それをいっぺんに扱うことはできません。もちろん，まとめることはできるかもしれませんが，質の違う主訴が3つあったら，それを同時にはできません。やはり，まず1つテーマを決めて，それに沿ってCBTを進めます。また，そのテーマは具体的である必要があります。

　それでは次に，実際のやり取りを紹介します。

「主訴の同定」をめぐるやりとりの具体例（Aさん）

Th（セラピスト）：ここでの認知行動療法で，Aさんはどんな困りごとに対して，私と一緒に取り組みたいとお考えですか？　インテーク面接では「①先延ばしの癖があり，物事に取り組めない」「②その結果，仕事が締切りを過ぎてしまい，ひどく落ち込むし，周囲の信頼を失ってしまう」という2つの主訴を挙げられていましたが．

A：困っているのは，まさにその2つです．

Th：この2つは独立した別個の主訴ではなく，つながっているように思われますが，いかがでしょうか？

A：そうですね，つながっています．

Th：ということは①と②を1つの主訴にまとめられる，ということになりますか？

A：そうですね，まとめられます．

Th：この①と②で，Aさんが焦点を当てたい，つまり何とかしたいのはどの部分ですか？　先延ばしをして物事に取り組めない部分なのか，それとも締切りに間に合わず落ち込んでしまう部分なのか，あるいは，締切りに間に合わないことによって周囲の信頼を失ってしまう，という部分なのか．それともこれら全てなのか．

A：ああ，そういう意味では，やっぱり先延ばしの問題ですかね．先延ばしさえしなければ，締切りには間に合うし，落ち込まなくて済むし，みんなからの信頼を失うこともないし．

Th：たとえ締切りを過ぎても落ち込まない自分になりたい，という考え方もあるかと思いますが，どうでしょう？

A：うーん，自分としてはやっぱり締切りに間に合わせたいですね．

Th：あるいは周囲の信頼を失っても気にしない自分になれればいい，という案もあるかもしれませんが？

A：そんなのダメです（笑）。やっぱり先延ばしの問題を何とかして，締切りに間に合わすことができれば，それでいいんだと思います。

Th：ということは，この①と②の中でも，先延ばしをして物事に取り組めず，締切りに仕事を間に合わせることができない，というのが主な問題，ということになりますか？

A：そうですね。まさにそれが一番の問題です。

Th：②に書いてある落ち込みとか信頼を失う，というのは，その主な問題による結果，ということになりますか？

A：そうですね。問題というより結果です。

Th：ということは，Aさんと私が認知行動療法で取り組む主訴は「先延ばしをして物事に取り組めず，締切りに仕事を間に合わせることができない」ということでよろしいでしょうか。

A：はい，それでいいです。

Th：では，それをここ（例：プロセスシート図3-1の上部）に書いておきますね（書き込む）。この後，私たちはこのテーマに焦点を絞って，認知行動療法のモデルを使って，観察したり整理したりすることになりますが，それでよろしいでしょうか？

A：はい，それでいいです。

※その後のセッションでも，セラピストは毎回，このように定式化された主訴について確認し続ける。

Aさんの主訴はどう整えられたか？

インテーク面接の段階では，次のようにあたかも主訴が2つあるかのように書いてありました。

①先延ばしの癖があり,物事に取り組めない
②その結果,仕事が締切りを過ぎてしまい,ひどく落ち込むし,周囲の信頼を失ってしまう

それを初回セッションで突っ込んで確認をしたところ,以下の1つにまとめられました。

❶先延ばしをして物事に取り組めず,締切りに仕事を間に合わせることができない

ですから,次は初回セッションで整えられた❶のエピソードを持ってきてもらい,アセスメントをすればいいということになります。

「主訴の同定」をめぐるやりとりの具体例(Bさん)

Th:インテーク面接で,複数の問題を主訴として挙げられましたが,今後ここでのカウンセリングで,私と一緒に取り組みたい問題はその中でもどれになりますか? ※4つの主訴が挙げられている。
B:いや,そんなふうに選ぶことはできません。全部,同じように困っているんです。
Th:そうですか。インテークでは,これらの4つの困りごとはどれも独立していて,まとめられるものではない,というお話でしたが,やはりそうなんですね?
B:そうですね。それぞれ別の問題だと思います。
Th:インテークでもお伝えしたように,認知行動療法では具体的なテーマを決め,そのテーマに焦点を絞って,少しずつ進めていくことになります。これはこれでよろしいですか?

B：確かにそういう話でした。ということは，4つ同時に，というわけにはいかないのですよね？

Th：セッションの時間を細かく割って4つ同時に取り組む，というやり方もできなくもありません。ただ取り組むテーマを絞って，そのテーマに集中して認知行動療法を一通り進めていくほうが効率がよいですし，Bさんがそうやって一通り認知行動療法を体験し，身につけることで，残りの3つの問題は，ここで一緒に取り組まなくても，Bさん自身で取り組めるようになるかもしれません。

B：なるほど。でも仮にどれか1つに絞って認知行動療法をやった場合，残りの3つをここで先生と一緒にやる，ということもできますか？

Th：もちろんそれもできます。まず1つのテーマに絞って認知行動療法を行い，ある程度の成果が出たところで，残りの3つについてどうするか話し合うことができます。

B：なるほど。やっぱりそうするしかありませんか。

Th：仮に1つに絞ることにした場合，Bさんにとって何が心配ですか？

B：やっぱり全部，今困っていることなので，1つ選んで，他を放置するのは，どうも……。

Th：なるほど。たとえばこういうことができます。1つに絞って，残りの3つを完全に放置するのではなく，ホームワークでそれらの3つについて記録を取ってきてもらい，セッションで必ず共有するのです。そうすれば1つの問題についてはがっつりと認知行動療法を行い，他の3つについても，それが現状どうなっているか，という経過を一緒に追うことができます。

B：ああ，それがいいかもしれません。

Th：それだったら，先ほどのBさんの心配はどうなりますか？

B：一緒に経過を見てくれるのであれば，少し安心できます。でももうひと

つだけ心配があるのですが……。
Th：どんな心配ですか？　遠慮なくおっしゃってください。
Ｂ：最初にこの４つから１つ選ぶとしますよね。途中で変えたくなったらどうすればいいですか？
Th：ああ，そういうこともあり得ますよね。その場合，遠慮なくおっしゃってください。そして変えたいお気持ちになったこと，どうして変えたくなったのか，といったことについて，そのときに一緒に話し合いましょう。そしてたとえ途中であれ，テーマを変えたほうがよいということになれば，気を取り直して，テーマを変えて，再度そのテーマに対する認知行動療法に取り組むことができます。いかがでしょうか？
Ｂ：わかりました。それだったら大丈夫そうです。安心しました。
Th：では，今日はもう時間が来てしまうので，この４つのどれから手をつけるか，残りの３つに対してどうするとよいか，ということについて話し合うのは次回にしましょう。
Ｂ：わかりました。
Th：ホームワークの課題として，この４つのどれから手をつけるか，あれやこれやと検討してくる，ということはできそうですか？
Ｂ：結論は出さなくていいのですね。
Th：もちろん出たら出たでそれでもいいですし，出なくても全く問題ありません。次回ここで話し合えばいいのですから。このような進め方でよろしいですか？
Ｂ：大丈夫です。

「主訴の同定」をめぐるやりとりの具体例（Cさん）

Th：インテーク面接では，「自分に自信がない」という主訴を挙げておられましたね。

C：はい，本当に自信がありません。何をやっても自分はダメだと感じてしまうのです。

Th：「自分に自信がない」という主訴は，認知行動療法で扱うには，ちょっと大きすぎるかもしれません。もう少し具体的にしてみたいのですが，よろしいでしょうか？

C：わかりました。

Th：さっきの話ですと，「何をやっても自分はダメだ」と感じてしまう，ということでしたね。それがCさんのおっしゃる「自信がない」ということになりますか？

C：そうですね。

Th：「何をやっても自分はダメだ」と感じて自分に自信が持てないことの何が，Cさんにとって問題になりますか？　このことでどんなことに困ってますか？

C：結局，そういうふうに自信がないから，人とまともにつき合えないんです。

Th：ああ，なるほど。「何をやっても自分はダメだ」と自信が持てないと，人とまともにつき合えなくなってしまうのですね。

C：そうなんです。だから，このままだと友だちもできないまま，大学生活が終わっちゃうのかなって。

Th：ということは，実際にCさんが抱えている問題は，「何をやっても自分はダメだ」と感じて自信が持てない，というのと，自信が持てないことによって人とまともにつき合えず，友だちができない，ということになりますか？

C：そうです。このまま友だちができないのは，やりきれないなあ。

Th：人づき合いができない，ということ以外に，「何をやっても自分はダメだ」と感じて自信が持てないことによって，Cさんが困っている問題が何かありますか？

C：うーん，何か始める前にあきらめちゃうんですよね。何か新しいことを始めてみたい気持ちはあるんです。でも「どうせやったって」という気持ちが邪魔して，結局あきらめちゃうんです。

Th：本当はどうしたいのですか？

C：本当はそう思ってもチャレンジしてみたいんです。たとえうまくいかなくても，始めからあきらめちゃうよりマシだと思うんですよね。それはわかっているんですけど，自信がなくて……。

Th：その問題も，ここで一緒に考えてみたいですか？

C：はい，ぜひ。むしろこっちが先かなあ。

Th：そうしたらちょっとまとめてみますね。ここまでのお話だと，「何をやっても自分はダメだ」と思って自信が持てないという大きな問題があって，そのせいで「本当はチャレンジしたいのに，始める前にあきらめてしまう」という具体的な問題と，「自信がないせいで人とまともにつき合えず，友だちができない」という具体的な問題がある，ということになりそうですが，いかがでしょうか？

C：その通りです。それが僕の本当に困っていることで，ここで助けてもらいたいことでもあるんです。

Th：他にここで一緒に取り組みたい問題はありますか？

C：いえ，他にはありません。今先生がまとめてくれたことに尽きます。

Th：わかりました。では今一緒に話し合って具体的になったCさんの主訴を，紙に書き出しておきましょう。

●主訴
「何をやっても自分はダメだ」と思って自信が持てない
その結果
①本当はチャレンジしたいのに，始める前にあきらめてしまう
②自信がないせいで人とまともにつき合えず，友だちができない

　以上のように，順調に主訴が具体化できる場合もありますが，そうでない場合もあります。それを次に紹介します。インテーク面接の主訴はＣさんとまったく同じです。

　「主訴の同定」をめぐるやりとりの具体例（Ｄさん）

Th：インテーク面接では，「自分に自信がない」という主訴を挙げておられましたね。
Ｄ：はい。その通りです。
Th：「自分に自信がない」という主訴は，認知行動療法で扱うには，ちょっと大きすぎるかもしれません。もう少し具体的にしてみたいのですが，よろしいでしょうか？
Ｄ：この主訴じゃダメだって言うのですか？
Th：いえいえ，ごめんなさい。ダメだとかそういうことではなく，インテークでもお伝えした通り，認知行動療法では大きな問題をできるだけ具体的にしたり，スモールステップで少しずつ確実に進めていくことを大事にしているんです。「自分に自信がない」というのはＤさんにとって，とっても大きな問題ですよね。
Ｄ：そうです。もうずっとこのことに悩まされてきているんです。

Th：インテークでも「物心ついたときから自信がなかった」「ずっとこうだった」とおっしゃっていましたものね。

D：はい。だから具体的にしろと言われても，できないんです。

Th：ごめんなさい，Dさん自身に具体的にしてほしいということではなく，一緒に具体的にしていけるといいなあ，という意味で，さっきあのように申し上げました。

D：ああ，そうだったんですね。

Th：もしかしたら，今も，「具体的にしろ」と私に言われたと感じ，またそこでも「そんなこと自信がないからできない」と感じられたのでしょうか。

D：あ，まさにその通りです。

Th：Dさんが「自信がない」ということについて，どれだけ困ってらっしゃるか，ということが，今の私たちのやりとりでよくわかりました。とにかくいろんなところ，いろんな場面で，この「自信がない」という主訴が出てきてしまうんですね。

D：本当にそうです。

Th：では，こうしませんか。今，この主訴を具体的にするという課題は保留にして，まずはDさん自身に日々の自信のなさを観察してきていただくのです。

D：はあ。

Th：これは「セルフモニタリング」と言って，認知行動療法でも最も大切な技法です。まずはDさんに，日々の生活の中で，いつ，どんなときに「自信がない」という主訴がどんなふうに現れて，Dさんを困らせているか，ということを自己観察するのです。

D：そんなこと自分ができるのか，それこそ自信がありません。

Th：あ，早速，「自信がない」というのが出てきて，Dさんはそれを観察で

> きたからこそ，今，私に教えてくれたのですね。セルフモニタリングとはそういうことです。
> D：なんだ，こんなのでいいのですか。
> Th：そうです。だからそんなに心配しないでください。今からセルフモニタリングの具体的なやり方について，一緒に計画を立てましょう。よろしいですか。
> D：わかりました。
>
> ※この後，モニター表を取り出し，「自信がない」のモニタリングや記録の取り方について，一緒に計画を立てる。

　「自信がない」という主訴は具体化できませんでしたが，具体的な課題をこちらが設定できれば，それはそれで進めていけます。大きな主訴を具体化できない場合には，このように具体的な課題設定で工夫をしていくことができます。
　モニター表に関しては，この後でご紹介します。どちらにしても「自信がない」ということに関する自動思考や体験をデータとして取って来てもらう。そういう形に持っていったということです。

　このように紹介すると，主訴を同定するやり取りが，結構面倒臭いとか，大変だと思われるかもしれません。ここではあえてやり取りが必要なケースを出しただけで，あっさり決まる場合も多々あります。
　次にそんなケースをご紹介します。

「主訴の同定」をめぐるやりとりの具体例（Eさん）

Th：インテーク面接では，現在精神科でも治療中のパニック障害を，認知行動療法を通じて何とかしたい，ということでしたが，それでよろしいでしょうか？
E：はい，本当に何とかしたいです。
Th：主治医の先生からの紹介状にも，パニック障害に対する認知行動療法をお願いしたいと書いてありました。
E：そうです。先生からもここで認知行動療法を学ぶといいよ，と言われています。
Th：ではここでの認知行動療法の主訴は，シンプルに「パニック障害を認知行動療法で何とかする」ということでよろしいですか？
E：はい，それでお願いします。

※こういうあっさりした「主訴の同定」をめぐるやりとりもある。

❖デモンストレーション－主訴を具体的に同定する

次に，主訴を具体的に同定するデモンストレーションを行います。皆さんの中から立候補いただいたお二人の主訴を具体的に決めていくやり取りをライブで見ていただきます。どなたか立候補していただけますか？……スズキさん（仮名），モリタさん（仮名），ありがとうございます。ご協力お願いします。

スズキさんとのデモンストレーション：主訴を具体的に同定する
それでは，スズキさん，よろしくお願いします。

伊藤：これから継続して認知行動療法を進めていくことになったのですが，どういったテーマに対して，一緒にここで取り組みたいとお考えでしょうか。

スズキ：まさに，先ほどの例にもあった「自信が持てない」ということです。

伊藤：自信が持てない。何に対して持てないのですか？

スズキ：自分自身に。

伊藤：それをエピソードとしてアセスメントとしていくにあたって，もう少し具体的に共有しておきたいのですが，たとえばどんなときに，あるいはどういったことに対して自信が持てないのですか？

スズキ：いろいろなところで顔を出します。たとえば，妻が外から家に戻ってきて「あっ，また加湿器がついていない」と指摘をされたときに，そう言われても何てこともない人もいるのでしょうが，「また，できていないところを言われた」みたいに思って，意味のない反応をしてしまう。そういう場面も，それとつながるのかなと思います。

　あとは，仕事で企業に提案して断られたときにひどく落ち込んでしまいます。似たことで言うと，年末に友だちに「会わない？」とメールをしたら，時間が合わないと言われたのですが，「嫌われているのかな」と思ってへこんだりします。断られることが続いてくると，今度は自分から提案にいったり，誘うということ自体が嫌になって，先送りをしてしまったり，動けなくなってしまったりします。そういう自分が出てくるということが，今思い浮かびました。

伊藤：なるほど。そうすると，大きく「自分に自信が持てない」というタイトルをつけてくださったのですが，奥さんに指摘されて変な反応をしてしまう。提案を断られて落ち込む。お友だちを誘ったら断られてへこむ。対人関係系なんでしょうか？　それとも，それとは別に自信が

持てないというのがあるのでしょうか？
スズキ：人からどう見られるかを気にしているという意味では，対人関係と言っていいような気がします。
伊藤：対人関係の中でちょっと落ち込みやすいのか，へこみやすい？
スズキ：そうですね。対人関係以外ではあまりないような気がしますね。
伊藤：そうですか。今教えていただいた例からいくと，対人関係の中で「指摘される」「断られる」ということでしょうか。何か思った通りにいかないということですか？
スズキ：はい。思った通りにいかない。そういう意味では対人ではないのですが，歳取ってくると手がだんだん思うように動かなくて，思わずビンにひっかけてバタンと倒したりとか落としたりということがあります。そういうときは無性に腹が立ったり，イライラしたりし，抑えが利かなくなり，声に出てしまうというのもありますね。そのときは，対人は関係ないかもしれません。
伊藤：今の話ですと，「へこむ」とか「落ち込む」とはまた別の感じですか？
スズキ：何か自分がダメだと思うとへこんだりするのですが，妻が悪いとか，落ちたものが悪いとなると，怒りになる。両方極端に出る場合がありますね。
伊藤：それは両方とも認知行動療法で扱いたい感じがしますか。それともへこむほうでいきたいですか？
スズキ：両方解決できると，楽なんですけどね。
伊藤：ということは，何か人との関わりであったり，あるいはそうでなくても「思うようにいかない」？
スズキ：そうですね。「思うようにいかない」ですね。
伊藤：思うようにいかないことがあると，ひどくへこむ？

スズキ：ひどくへこむか，瞬間的に怒りを抑えきれなくなる。どっちかに出てしまうという感じです。そうです。そんな感じです。

伊藤：なるほど。仕事でも奥さんとの関わりでも，ないしは何かを取ろうとするとか，そういったことが「何か思うようにいかないと，ひどくへこむ方向にいくか，怒りを抑えられないという方向に行ってしまう」。これを認知行動療法で何とかしたいと思われますか？

スズキ：そうですね。何とかしたいですね。

伊藤：わかりました。主訴はこれで決定ということでよろしいでしょうか？

スズキ：それでまとめてやっていただけるのなら，すごく助かります。

伊藤：それではのちほど，この主訴に対してアセスメントをしますので，1つこれに関わるようなエピソードを用意しておいてください。お願いします。

(デモンストレーション終了)

スズキさんの主訴の同定

「何か思うようにいかないと，
ひどくへこむ方向にいくか，
怒りを抑えられないという方向に行ってしまう」

【デモンストレーションに対しての感想】

伊藤：デモンストレーションをやってみた感想をお願いします。

スズキ：「自信が持てない」という例を聞いて，ああそれ，自分にもあるなと思ったので，その話でいこうと思いました。しかし，エピソードを聞かれて，いろいろあるなということで広げられて，最後それも1

つにまとめられるよねというようになったので，少し安心したような感じを受けています。
伊藤：主訴としてまとめられたこの表現はしっくりきていますか？
スズキ：きています。
伊藤：わかりました。ありがとうございました。

モリタさんとのデモンストレーション：主訴を具体的に同定する
それでは，モリタさん，よろしくお願いします。

伊藤：ここで認知行動療法を進めていくとして，どのような困りごとに対して焦点を当てていきたいですか？
モリタ：相手に言わなければいけないのに言いにくい。言いたいし，言わないといけないのだけれど，言いにくいことをうまく伝えられません。
伊藤：それはどういうときですか？
モリタ：たとえば，何カ月後にお休みを取らないといけないとか，ちょっと家族に直してほしい日常の態度など，うまく言いたいのですがためらって言えなくなってしまうのです。
伊藤：ということは，相手というのはいろいろな相手ですね。相手に言いたい，言わなければならないことが言えない。
モリタ：言わなきゃいけないけど，何か迷惑をかけそうなこと。普通に伝えられるポジティブなことならいいのですが，相手が気を悪くするかなということが言いづらいです。
伊藤：モリタさんにとって言いにくいことですか？　どういうことが言いにくいですか？　何にも言えないわけではないですよね？
モリタ：相手に不快を生じるかもしれないこと。相手が不快を感じるかもし

れない可能性のあることと言えばいいのでしょうか。

伊藤:「相手が不快に感じるかもしれないことを……」。

モリタ:うまく相手に伝えられない。

伊藤:伝えられないというのはどういうことですか？ 言わない？

モリタ:言うのです。言うのですが，すごく躊躇してしまってすんなり伝えられない。

伊藤:では，相手が不快に感じるかもしれないことをすんなり伝えられない？

モリタ:すんなり伝えられないで考えているときがつらい。伝えてしまえば別にいいんですけど。あまり構えずに伝えたいのに，こうかな，ああかなと考えてしまう。

伊藤:伝えるのですね。伝えられないわけではないですよね？

モリタ:伝えます。伝えられないわけではない。伝えるまでに時間がかかる。

伊藤:「相手が不快に感じるかもしれないことを伝えるまでに……」。

モリタ:いろいろ考えてしまって面倒臭い。

伊藤:面倒臭いところが嫌なのですか？

モリタ:はい。

伊藤:なるほど。それでは「相手が不快に感じるかもしれないことを伝えるまでにいろいろと考えてしまう」というところまでは合っていますか？ それを考え過ぎだと自分で思うのですか？ そんなに考えなくてもいいのにと。では，「考え過ぎてしまう」でもいいですか？

モリタ:はい。考え過ぎてしまってあきらめたり，伝えたい行動が遅れてしまうというのでしょうか。行動や決定までに，時間がかかるのがすごく嫌なんです。

伊藤:そういうことになること自体が面倒臭いし，実際に伝えることが遅れ

てしまう。そういうことになるのでしょうか？

モリタ：特に，伝えなければいけないことは迷っている暇もないので，伝えなければいけないことが遅れてしまい，時間のロスが出てしまう。

伊藤：ではなんて書けばいいでしょうか？「伝えるのが遅れてしまう」。結局，伝えるんですね。

モリタ：伝えるんです。もっと早く伝えたいし，そのほうがいろいろな意味でいい。

伊藤：その間いろいろ考えてしまって，面倒臭い。

モリタ：すっと決められればいいなと。

伊藤：「相手が不快に感じるかもしれないことを伝えるまでにいろいろと考え過ぎてしまう。このこと自体が面倒臭いし，伝えるのが遅れてしまう（時間ロス）」。どうでしょう。この表現でしっくりきますか？

モリタ：はい。相手が不快に感じるかもしれないということ自体嫌だし，考え込んで時間がロスしてしまう。両方嫌です。

伊藤：それではこれをテーマに認知行動療法を始めるということでよろしいでしょうか？　あとで，アセスメントのやり取りをしますので，これに関する最近のエピソードで，出してもいいものを1つ用意しておいてください。お願いします。ありがとうございました。

　　　　　　　　　　　　　　　　　　　　（デモンストレーション終了）

モリタさんの主訴の同定

「相手が不快に感じるかもしれないことを
伝えるまでにいろいろと考え過ぎてしまう。
このこと自体が面倒臭いし，
伝えるのが遅れてしまう（時間ロス）」

【デモンストレーションに対しての感想】

伊藤：感想をお願いします。
モリタ：漠然と思っていたのですが，聞かれるまではそのような考え方を意識していませんでした。考えていくと，いろいろな自分の具体的な場面が浮かんできました。どこが嫌なのか，これまでざっくりとしかわかっていなかったことが，不快に感じているのは私の認知だなとか，時間が遅れてしまうのが嫌なんだなというように，よりピンポイントになってきました。
伊藤：ありがとうございました。

「今後の進め方」の相談

　初回セッションで主訴を改めて確認して，磨いていき，具体的にしていきます。初回セッションではできることは限られています。主訴の確認をしたら，今後どう進めましょうかという話をして，宿題を決め，感想を言ってもらい，おしまいになります。

　今後の進め方に関しては，そもそも主訴がこんがらがっている方や，主訴をずっと抱えて生きてきた方の場合は，むしろこれまでの人生の棚卸しをしたり，主訴の経過を共有したりするために，「少し過去に遡って話を聞いたほうがいいですか？」という相談をするときがあります。それを私たちは「ヒアリング」と呼んでいます。

　ヒアリングに関しても，2～3回のセッションで主訴に関する経過だけ共有してもらいたいという人もいれば，この際だから人生レベルで過去を振り返っておきたい，むしろ時間がかかってもいいのでじっくりとヒアリングをやりたいという人もいます。ヒアリングをするなら，どれくらいの期間，何に対してやるのかというところを話し合います。

それから，先ほどのDさんの例のように，「自信がない」という主訴に対して，具体化しようとしてもずっとそうなのだという場合があります。その場合は，エピソードというよりは，日々の生活の中でその自信のなさがどう出ているのかというところをまずモニターしていきます。このあとで紹介するモニター表を使い，日々の生活の中で主訴がどう出ているのかというところをキャッチしてきてもらい，そこを取っ掛かりにしてアセスメントをするということもできます。

　ただし，そのようなことをしなくても，主訴がらみでエピソードを出せるという方の場合は，宿題でエピソードを選んできてもらいます。そして，エピソードに関してメモを取ってきてもらい，アセスメントのシートの作成に入ります。

　それから，先ほどご質問がありました何らかの応急処置が必要なケースがあります。何か対処をしないと，その先に進めないようなケースも少なくありません。私たちの事例でいくと，自殺企図の危険性が高い。自傷行為も日常生活の中で，自分で手当てをする中でコーピングとして行うくらいならまだいいのですが，相当エスカレートし止まらなくなってしまう。触法行為で，万引きや性犯罪（盗撮や痴漢など）をしてしまう。それらが主訴なのですが，日常生活でそれが起きてしまうと，そもそもCBTが続けられなくなってしまう場合があります。そのときは，その場しのぎ，一時しのぎでいいので，何とかそれを乗り切ってCBTを進めるための準備をしようということで，応急処置をする場合もあります。この後，1つだけ例をご紹介します。

　このように，今後の進め方についても相談をし，相談をして決まったことは全部書き出し，このように進めることを私たちで決めたということが，見てわかるような形にしておきます。

　ツールは何でもいいのですが，図3-3は私たちがヒアリングで使っているツールです（巻末付録3も参照）。

　年表作りのような感じで，主訴をはじめ，今までの人生を振り返って

いつ	出来事	反応

図 3-3　ヒアリングで用いるツール例

いきたいという人の場合は，何歳くらいにどんな出来事を体験し，どんな反応があったのか，ゆるい構造で聞いていきます。これを2～3回のセッションでざっくりとやるのか，それとも時間をかけてでもやり抜きたいのか。そのへんもおうかがいしながらやっていきます。

　これは誰が記入するのかということもあります。宿題で本人が書いてきたものをセッションで共有するということもできます。それがつらくてできない，セッションで一緒に共有したいという場合は，クライアントにお話をしてもらい，こちらが書き取っていくということもできます。

　いずれにせよCBTで使うツールは書いてきてもらったら，クライアントに受付でコピーを取ってもらい，コピーをもらいます。また，こちらが書き取ったものは，セッションの終わりにコピーをして，コピーを渡します。そのようにして，同じツールを溜めていきます。

　図3-4は，モニタリングで使うツールです（巻末付録4も参照）。

　CBTでよく使う活動記録表と同じです。別に活動に限らず，モニターしたい対象を，日々それがどのように出てきているのかというのを記録

時間帯	月	火	水	木	金	土	日

図3-4　モニタリングで用いるツール例

に取ってきてもらいます。うちは過食嘔吐が主訴の人が多いのですが，その場合はこのモニター表で，いつどんなときに何を食べて吐いたのかというようなことを書いてきてもらいます。

　それから，自殺企図の危険性が高いとか，激しい自傷行為といったことに対しては，対策を立てたものを，図3-5のようなコーピングシートを外在化するために使っています（巻末付録5も参照）。

　このコーピングシートは別に応急処置用ではありません。エクスポージャー（曝露療法）の計画を外在化するなど，いろいろな使い方をしています。そうしたコーピングシートを応急処置でも使っています。

コーピングシートを用いた応急処置の例

　コーピングシートを用いた応急処置の例を1つ挙げます（図3-6）。
　自殺企図の危険性が時々高くなってしまう人の例です。先ほどお伝えした通り，心理テストの中に「死にたい」とか「自殺しようと思う」な

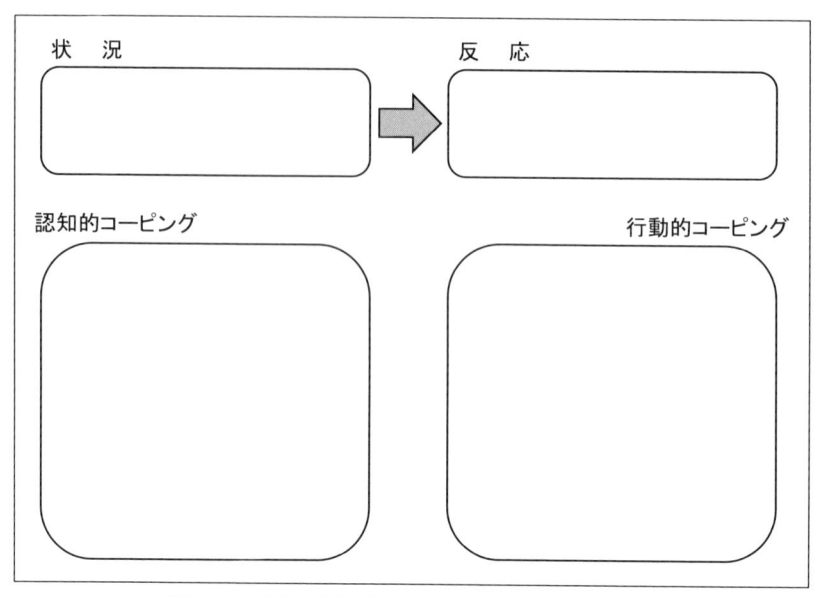

図 3-5 応急処置で用いるコーピングシートの例

どの項目がありますので，必ずチェックして，あとは直接の話し合いになります。

　重要なことは，死にたい気持ちはどれだけ強いか，自殺をしようという具体的な計画が頭の中にあるかどうか，実行可能性がどれだけ高いかをモニターしてもらうということです。死にたいという気持ちの強さや実行可能性の高さなどをモニターし，高まったときにどういう対処をしたらいいのか。そういうシートになっています。

　応急処置に関しても今日お伝えしている『認知行動療法実践ワークショップⅠ』(星和書店，2010) にかなり詳しく出ていますので，他の事例はそれをご参照ください。

　この事例の方は男性です。失業中で仕事が見つからず，大変重たいうつがあります。奥さんとお子さんがいて，基本的にご家族はサポーティブなのですが，家族とのやり取りの中で傷ついてしまうときがありま

第3章　主訴を同定し，エピソードのアセスメントを行う　75

```
状況                           反応
現状：仕事が見つからない        「生きている意味がない」「死んだ
・家族にきついことを言われたと  ほうがマシ」自殺の計画①首つり，
 き／昼間に家で，ひとりで過ごし ②電車に飛び込む，③飛び降り
 しているとき                   実行可能性80％超え

認知的コーピング                                  行動的コーピング

「80％を超えた！これは危険    ・妻に電話して「死にたくなった
 だ！」                         のでこれからコーピングする」と
「死にたいと思うことと，本当    だけ言って切る。
 に死ぬのとは別のことだ」       ①の場合：とにかく外にでて漫画
「とりあえず死なない方向に      喫茶に行き，家族の誰かが帰るま
 自分を持っていこう」           で家に戻らない。
「このことを次のカウンセリング  ②③の場合：絶対に外出せず，下
 で報告しよう」                 着姿になってベッドにもぐり頓服
                                を飲む。
                                ・次の診察とカウンセリングで必ず
                                 報告する。
```

図3-6　コーピングシートを用いた応急処置の例

　す。平日の昼間は，奥さんが仕事に出て，お子さんたちも学校に行ってしまいます。仕事が見つからない状態で，一人で家で過ごしていると，「生きている意味がない」「死んだほうがマシ」といった自動思考がまず生じます。そこで自殺の計画がありありと出てくるのです。
　彼の場合，3つの計画が用意されています。家の中だと①首つりで，首を吊る場所ややり方も決めています。それから，外に行って②電車に飛び込む。これも駅や何線に飛び込むか決めています。決めているというのはすごく危ない状態です。また，③飛び降り。これも具体的に決めています。自分で入って10階まで行けるマンションがあるのです。実際そこで時々自殺があるらしく，自分も死ぬのならあそこだと決めています。
　死にたい気持ちが盛り上がり，しかもありありと計画が出てきて，もう今そこの駅に行ったら80％以上の可能性でやってしまう。今家にいたら80％以上の可能性でやってしまうということになった場合にどうするか。

自殺も究極のコーピングと言えばコーピングです。自分を苦しめるために死ぬのではなくて，あまりに苦しいので死ぬしかないという気持ちになってしまうのです。自殺は究極のコーピングだということは共有しながらもクライアントとよく話すのは，自殺はコーピングとして良かったか悪かったか検証ができないということです。少なくてもセラピーに来ているということは，やはり助かりたい，ないし自分を助けたいという気持ちがあるわけです。しかもセラピーはすでに始まっています。仮に自殺という究極のコーピングを取ったとして，死んで良かったかどうかということを，私たちは検証できない。ですから，検証できるコーピングをまず使いましょうということをお伝えします。

　検証できるコーピングを，CBTを通じて身につけて，自殺は究極のコーピングとして取っておく。ひとまずこういう思いになったから死ぬのではなくて，とにかくしのぐためのコーピングをしようということで，認知的なコーピングを一緒に考えます。

　「80%を超えた！　だから死んでしまえではなくて，これは危険だ！というふうに考えてみよう」「死にたいと思うことと，本当に死ぬのとは別のことだ」「とりあえず死なない方向に自分を持っていこう」「このことを次のカウンセリングで報告しよう」。このように，生き延びて次につながるような認知を自分の中におきます。

　そして，行動的なコーピングを，奥さんにも協力してもらって決めました。それは，奥さんに電話して「死にたくなったのでこれからコーピングする」とだけ言って，切るということ。それ以上会話を続けると，かえってその中で傷ついてしまったりするので，それだけ言って電話を切ろうということにしました。そして，その時々にありありと出てくる計画についていきそうになるので，①の家の中で首を吊りそうになった場合は，家の中にいたら危ない。ですから，とにかく外に出る。外出でも駅のほうへ行ってしまうとまずいので，人がいるところにいる。人がいて長くいられるところということで，漫画喫茶に行き，家族の誰かが

帰るまで家に戻らないことにしました。それから，②③の場合，考えながら本人が笑っていたのですが，外に行ったらまずい計画がありありと出てきた場合，基本的には外に行かなければいい。外に行かないようにするにはどうしたらいいのかというと，下着姿と書いてありますが本当は素っ裸になる。それなら外に行けない。だから裸になってベッドにもぐり頓服を飲んで，家族が帰ってくるまで待つ。そして，そのようなことをしたということを，次の診察とカウンセリングで必ず報告してもらうことにしました。

　このやり方が絶対に良いというわけではありませんが，とにかく何とか生き延びて，次のセッションまでつながるための対策を一緒に立てます。死にたいと感じるから死ぬのではなくて，死にたいという思いが出てきたらどうしのぐかという視点が，こういうことを続けるうちに出てくると，だいぶその気持ちから離れていけるようになります。

　この場合は，宿題がどうのこうのではなく，まず生きてもらわないとCBTもできません。生き延びて次のセッションに来ることを宿題にして，「宿題できたね」みたいなところから始めます。

　今後の進め方は，以上のような感じで，ヒアリングをするのか，早速アセスメントに入れるのか，モニター表を付けたほうがいいのか，応急処置が必要か，そのへんの相談をします。そして時間が来たら，ホームワーク（宿題）を決めて終わりにします。

初回セッションのアジェンダ：「⑤ホームワークの設定」

　ホームワークを外在化するツールもあります（図3-7，巻末付録6も参照）。
　宿題の課題を書き留めてもらうために使っています。クライアントに1枚渡し，セラピストも1枚持っています。今回の宿題はどれにしよう

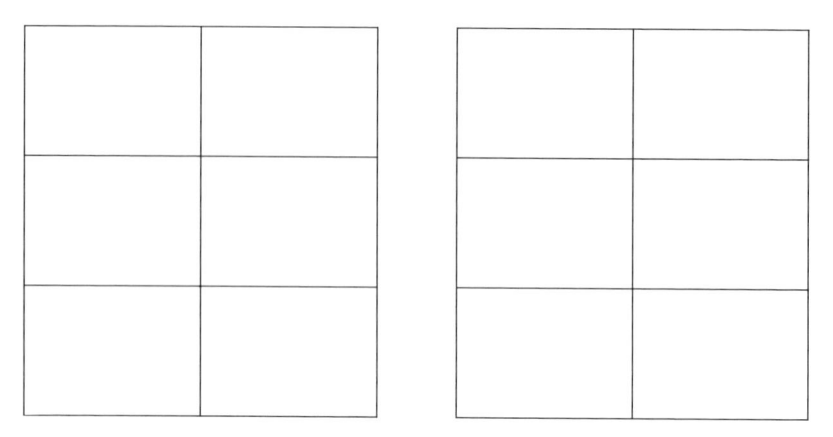

図 3-7　ホームワークシート（2枚，巻末付録6も参照）

かということをお互いに書き留めて，また次のセッションに持ってきてもらいます。

　なぜそうしているかというと，お互いに何の宿題が出たのかということをしっかり記録を取っておく必要があるからです。また，宿題は日常生活の中でクライアントが自分で取り組んでもらわないといけないものなので，より強くコミットしてもらう必要があるということもあります。こちらが書くよりは，自分で書いてもらったほうが，自分の宿題，私が取り組むべき宿題というように主体性が高まるのです。

　ですから，最後に宿題を決めるときはクライアントにペンを渡して，私もペンを持って一緒に書こうかという感じで，課題を同時に書くことにしています。

初回セッションのアジェンダ：「⑥セッションに対する感想」

　インテーク面接と同様に，最後にセッションに対する感想を教えていただいて，おしまいになります。

　ということで，初回セッションは結構忙しいのです。

ここまでが，初回セッションに関するご紹介でした．

第2セッション以降

　第2セッション以降がどんな感じになるのかは，ケースによって違ってきます．ヒアリングを始める場合があります．セルフモニタリングによって主訴に関するデータを集め始める場合もあります．そのようなヒアリングやモニタリングをせずに，二人で取り組もうと決めたクライアントの抱える主訴に対するアセスメントを早速行う場合もあります．

　ここからが，CBTの基本モデルを使っていくということになります．基本的には，アセスメントシート（巻末付録7）を使って，二人で取り組むべきCBTの主訴を理解していくという作業を，1セッションだけではなく，何セッションかかけてやります．クライアントがモニターをして，生のイキイキとしたデータを教えてくれて初めて，真に役に立つアセスメントができます．そういう意味では，アセスメントもまずはクライアントのセルフモニタリングの練習からになります．

　自分は何に反応してしまっているのか．それに対してどんな自動思考が頭に出てきているのか．それによって，どんな気分や感情が出てきているのか．身体の反応はどうか．それに対してどういう行動を取っているのか．それがまた状況にどう跳ね返っているのか．そういったところをモニターしてもらい，報告してもらいながら，一緒にアセスメントシートの図を作っていきます．

　このアセスメントの段階がCBTで一番重要で，言ってしまえばここがうまくいくと，あとはすごく楽ですし，アセスメントの作業だけで治ってしまう方も結構います．セルフモニタリングやアセスメントの作業は，もう一つの視点を置いて自らの体験を見る，というメタ認知的視点の練習になります．自分の体験に対して「なに，この反応，バカじゃない！」「こんなふうに感じちゃダメ！」というのではなく，「ああ，こ

うなっちゃうんだ，私」「私，こんなふうに感じているんだ」というように，自分の体験に距離をおいて眺めつつ，それに対してマインドフルに対応する。そういうマインドフルネス的な構えを形成していく段階になります。

そのために重要なのが，エピソードです。1回1回の生々しい出来事，イベント，エピソードを出してもらって，それをアセスメントシートに外在化していきます。

あとで，そのアセスメントの部分は，デモンストレーションで皆さんにお見せします。

1つのエピソードが1枚の用紙に収まる場合もあれば，何枚も連なっていく場合もあります。それはエピソードの規模によります。外在化して，その通りかどうかをクライアントに確認します。クライアントがそれを見て，「まさにこの通りの体験を私はしているんです」「本当にもうこの通りとしか言いようがありません」というように，グッとくる，ピンとくる1枚を作っていくということが大切です。

主訴に関するエピソードたった1つでアセスメントを終わりにしてしまうと，抜けや漏れのおそれがあります。ですから，1つのエピソードで終わりにせず，大体2つ，3つの複数のエピソードを取り上げます。並べてみて，何かいつも同じことが起きているよねというパターンを抽出できるような数のエピソードを集めていきます。複数のエピソードを扱うというのは抜け漏れを防ぐということもありますが，繰り返しこの作業をやることで，クライアントにCBTのモデルに馴染んでもらうという意味もあります。

できれば，クライアント自身でアセスメントシートを書けるようになったほうがいいです。ですから，いくつかのエピソードをセッションで一緒に作りながら，クライアントにモデルに慣れてもらい，セルフモニタリングが上手になってもらいます。そして，慣れてきたら，今度は実際にエピソードが発生したときに，クライアント自身にアセスメント

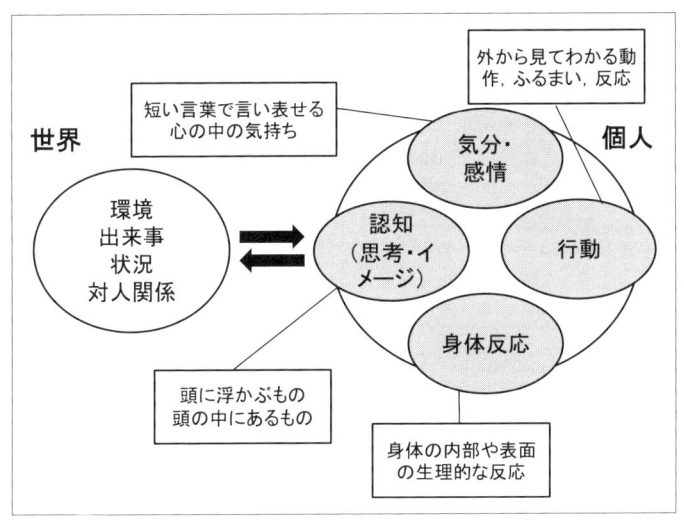

図 3-8　CBT の基本モデル

シートを書いてきてもらいます。そこもとても大事です。

　図3-8，図3-9は，アセスメントで用いるCBTのモデルです。
　ここで扱う認知は，スキーマではなく，その場その場で浮かぶ自動思考を見ていきます。
　この基本モデルも最初は難しそうで，馴染んでいないと「とても私，こんなセルフモニタリングなんかできません」という方がいます。でも，慣れれば大体大丈夫です。最初から全部をモニターしましょうだと難しいので，自動思考だけをピックアップしてもらう。そんな感じで少しずついろいろなものをモニターする練習をして，最終的には起きていることを全体的に理解できるような形に持っていきます。
　そうは言っても，自動思考を集めてくると，スキーマが自ずと見えてくることがあります。見えてくれば，そういうスキーマがあるということで，一緒に共有することもできます。
　私たちは巻末付録7にあるようなアセスメントシートを使っています

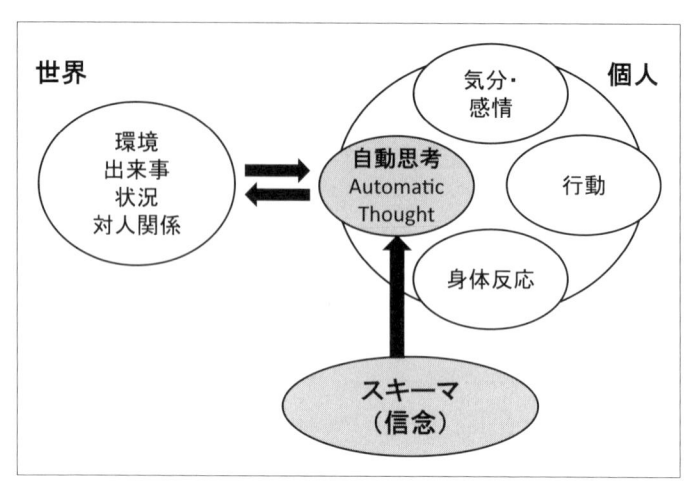

図 3-9　階層的認知モデル

が，ツールは道具に過ぎません。白紙に書いていってもいいですし，いろいろなまとめ方があると思います。しかし，このアセスメントシートはわりと使いやすいので，もしよければ皆さんも使ってみてください。

ツールにまとめるとすると，こんな感じになります（図 3-10）。

上の部分に悪循環が同定されていきます。ここで，こんなふうにグルグルしていますが，皆さんグルグルにやられっぱなしになっているわけではなく，グルグルから抜け出そうとしているわけで，このグルグルに対してその人が取っているコーピング，すなわち悪循環から脱出するための試みを「コーピング（対処）」の欄に外在化します。

コーピングというのは役に立ったからコーピングと認定するわけではありません。そのコーピングが役に立ったか立たなかったか，あるいはかえって良くないことになってしまったという結果ではなく，自分を助けるための試みは全部コーピングとして認定します。先ほど話した自殺もコーピングのひとつなのです。

それから，「サポート資源」。これはそこに斜めの線が引いてありますが，次元が 1 つ異なる感じになります。悪循環の中にいる自分，悪循環

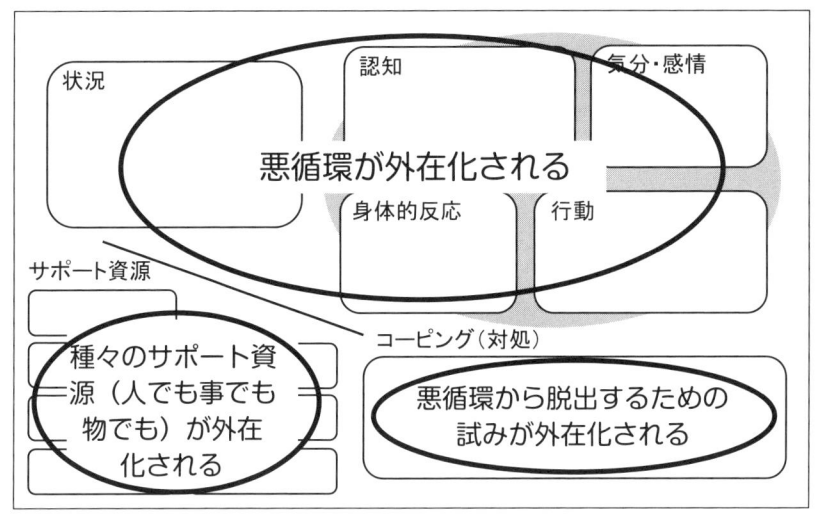

図3-10 アセスメントのためのツール：アセスメントシート

を断ち切るためにコーピングをしている自分に対するサポートとなるリソースは何でも書き出してみます。

アセスメントシートの記入例をいくつか示しします。

アセスメントシートの記入例（1）：私（伊藤）の場合

図3-11は，『認知療法・認知行動療法カウンセリング　初級ワークショップ』（星和書店，2005）で紹介している，私が原稿を書けないときのちょっとした悪循環の例です。

1カ月後に締切の原稿にまったく手を付けていない。それに対して，「どうしよう。間に合わないかも」「やりたくない」という自動思考が出てきてしまいます。でも，実はこれはおかしいのです。2日あれば書ける原稿で，1カ月の猶予があるにもかかわらず，「間に合わないかも」と思ってしまっていますし，自分で引き受けている原稿にもかかわらず，「やりたくない」と思ってしまっています。そういう自動思考を鵜呑みにしてしまうと，あせって，憂うつになって，頭や痛くなって，

```
┌─────────────────────────────────────────────────────────────┐
│                    ┌──────────────┐   ┌──────────┐          │
│  ┌───────────────┐ │「どうしよう。間に│   │ あせり    │          │
│  │1カ月後に締切の原稿│ │合わないかも」  │   │ 憂うつ   │          │
│  │にまったく手を付けて│ │「やりたくない」 │   │          │          │
│  │いない         │ └──────────────┘   └──────────┘          │
│  └───────┬───────┘                                          │
│          │         ┌──────┐   ┌──────────────┐              │
│  サポート資源     │ 頭痛  │   │書類の整理をする │              │
│  ┌───────────┐   │ 胃痛  │   │(逃避)         │              │
│  │1カ月の猶予 │   └──────┘   └──────────────┘              │
│  ├───────────┤                                              │
│  │頭の中の構想│  ┌─────────┐  コーピング(対処)               │
│  ├───────────┤  │「ちょっとぐらい遅れ│                         │
│  │楽天的な自分│  │ても」という甘え │                          │
│  ├───────────┤  ├─────────┤  ・書類の整理……逃避行動！        │
│  │ビール♪    │  │結局今まで何とか│  ・頭痛薬と胃薬を飲む　しかもビールを飲む│
│  └───────────┘  │なっている    │  ・「まだ1カ月あるから大丈夫」と言い聞かせる│
│                 ├─────────┤                                │
│                 │夫(愚痴の   │                              │
│                 │聞き役)     │                              │
│                 └─────────┘                                │
└─────────────────────────────────────────────────────────────┘
```

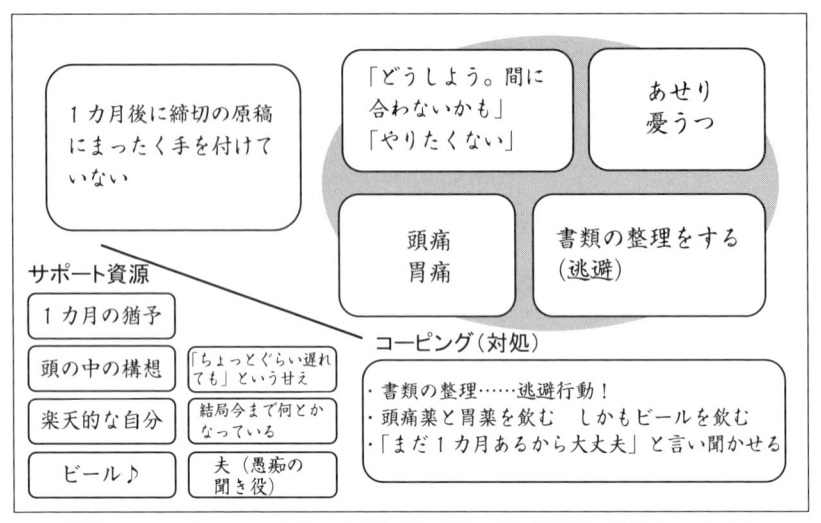

図3-11　アセスメントシート記入例（1）：私（伊藤）の場合　その1

胃が痛くなる。この場合，やりたくないという自動思考に乗っかってしまっているわけです。だから，やらないわけです。原稿とは別の逃避行動を取る。そうなると，原稿がますます進まない。こういうちょっとした小さな悪循環です。

　それに対する私のコーピング（対処）ですが，逃避行動は「やりたくないからやらない」というコーピングでもあるわけです。上の認知や行動欄に記入することと，コーピングの欄に記入することが，ダブってしまっても構いません。書類の整理をするという逃避行動。それから頭痛薬と胃薬を飲む。しかもビールを飲む。あとはうっすらと，「まだ1カ月あるから大丈夫」と言い聞かせる。

　サポート資源としては，「1カ月の猶予」や「頭の中の構想」，「楽天的な自分」「ビール」があります。「ちょっとぐらい遅れても」と，もううっすら思っているわけです。「結局今まで何とかなっている」「夫に愚痴の聞き役になってもらう」というのもあります。

　こんな感じで外在化すると，ちょっとした体験の中にも，いろいろな

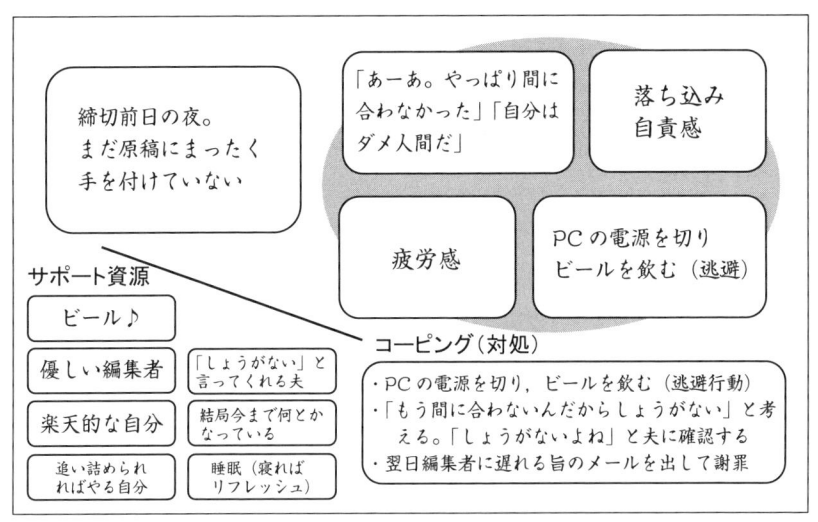

図3-12 アセスメントシート記入例：私（伊藤）の場合　その2

ことが含まれています。コーピングもしていて，サポートもある。でも，困っちゃったなというのがアセスメントシートを見ると手に取るようにわかります。

　ただし，こういったことはよろしくありません。「やりたくない」「やらない」を続けているので，結局「締切前日の夜に，まだ原稿にまったく手を付けていない」ということになります（図3-12）。こうなると，どうなるのか。「あーあ。やっぱり間に合わなかった」と過去形になってしまいます。それで「自分はダメ人間だ」とダメが確定。これも距離をおいてメタ認知的に眺めると，おかしな自動思考です。やっぱりと言っても，やっていないのだから，間に合わないに決まっているという感じですが，このときにこの自動思考に飲み込まれてしまうと，やっぱりダメだったモードに入ってしまい，落ち込みはじめ，何もしていないくせに疲労感を感じはじめます。

　もう終わっていることになっているので，パソコンの電源を切って，本格的にビールを飲む。こんな感じですが，この時点でも何かやろうと

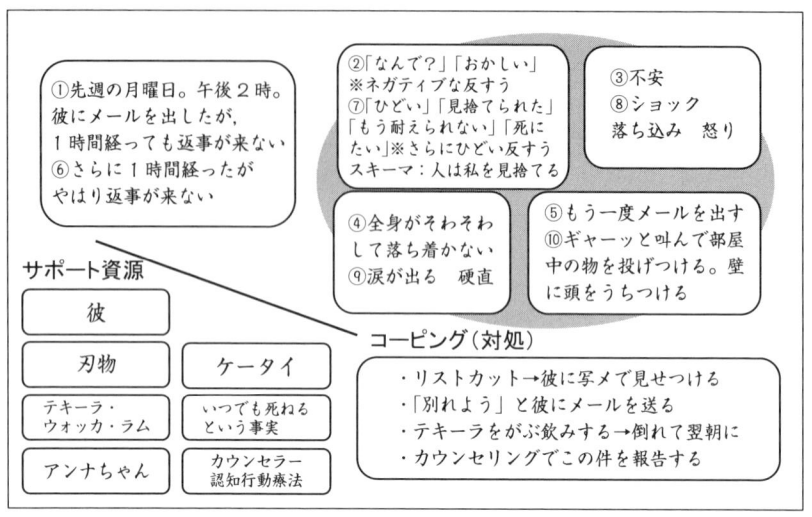

図3-13 アセスメントシート記入例（2）：サヤカさんの場合

①先週の月曜日。午後2時。彼にメールを出したが，1時間経っても返事が来ない
⑥さらに1時間経ったがやはり返事が来ない

②「なんで？」「おかしい」※ネガティブな反すう
⑦「ひどい」「見捨てられた」「もう耐えられない」「死にたい」※さらにひどい反すう
スキーマ：人は私を見捨てる

③不安
⑧ショック
落ち込み　怒り

④全身がそわそわして落ち着かない
⑨涙が出る　硬直

⑤もう一度メールを出す
⑩ギャーッと叫んで部屋中の物を投げつける。壁に頭をうちつける

サポート資源
彼
刃物
ケータイ
テキーラ・ウォッカ・ラム
いつでも死ねるという事実
アンナちゃん
カウンセラー認知行動療法

コーピング（対処）
・リストカット→彼に写メで見せつける
・「別れよう」と彼にメールを送る
・テキーラをがぶ飲みする→倒れて翌朝に
・カウンセリングでこの件を報告する

思えばできるはずです。私はやらないと思いますが，徹夜で書くということだってあり得ます。あるいは1週間遅れますというメールをすぐに送るということもあり得る。でも私の場合，もう放棄してしまうわけです。それは「ダメだった」ということに向き合いたくないということでもあるので，ここの逃避行動もコーピングと言えばコーピングです。それから，ここまで来てしまうと，もうしょうがないみたいな感じになり，しかも自分で思っているだけだと思いきれないので，「しょうがないよね」と夫に言って，夫にもそう言わせる。そして，翌日編集者に遅れる旨のメールを出して謝罪します。

アセスメントシートの記入例（2）：サヤカさんの場合
　私の体験はこのくらいにして，もう少し臨床的な話をします。
　これはある女性のクライアント，サヤカさん（仮名）と作ったアセスメントです（図3-13）。
　サヤカさんはこのとき，恋人がいました。彼は社会人で会社勤めをし

ていて，彼女は無職でした。

　サヤカさんは，先週の月曜日の午後2時に，彼にメールを出しました。それは「さびしい」「会いたい」という一言メールみたいなもので，緊急な要件ではありません。そういうメールを出したところ，1時間経ってもまだ返事が来なかった。そのへんから「何で返事が来ないの？」「返事が来ないなんておかしい」「なんかあったんじゃないか？」みたいな感じで，返事が来ないことについて，否定的なグルグル思考がいっぱい出てきてしまいました。そして不安が生じてきて，身体的には，全身がソワソワして落ち着かない感じになってしまいます。

　ここで彼女は1回気を取り直して，もう一度メールを出します。「さみしい」と送っているメールだったら，「さみしいよ」みたいな感じで，似たようなメールを出すのです。しかし，さらに1時間経っても返事が来ない。ここで「ひどい」「見捨てられた」「もう耐えられない」「死にたい」というように，反すうの中身がどんどんひどいことになってしまいます。「見捨てられた」ことが確定してしまったので，ショックだし，落ち込むし，自分を見捨てる相手に怒りが湧いてくる。

　ここまで来ると，スキーマを想定したほうがいいと思います。状況と自動思考のバランスがあまりにも極端で，整合性が取れていないからです。たとえば，彼から「もう別れましょう」とメールが来て，それに対して「見捨てられた」という自動思考が出てくるとしたら，それは了解できます。ところが，平日の昼間に2時間返事が来ないところで見捨てられたということが確定して，死にたいということになるのは，やはり何か状況に対して極端な自動思考が出ているわけです。

　外在化してみると，クライアント自身にもわかります。「あれ？」という感じになります。この状況に対してここまでの自動思考が出る。そうなると，何かスキーマがあるのではないかということになります。サヤカさんの場合はいわゆる「見捨てられスキーマ」を持っています。「人は自分を見捨てる」「私はみんなに見捨てられる」。それがもともと

あるものですから，この状況でスキーマが活性化され，実際に「見捨てられた，だからもう耐えられない，死にたい」という自動思考が出てきてしまうのです。

　ただし，このときはこの反応に飲み込まれていますから，スキーマだということには気づいていません。「見捨てられた」確定です。自動思考を自動思考としてモニターする習慣がつく前は，自動思考はその人にとって真実です。ですから，自動思考という真実に乗っかって，いろいろな反応が出てきます。

　見捨てられて死にたいという自動思考ですから，当然ネガティブな感情が強く出てきます。それから，バーと涙が出てきて，身体が硬直してしまう。彼女の場合はこういうときは，頭を壁にガンガン打ちつけるという自傷行為に走ってしまいます。これはこの方の場合，コーピングではありません。気づいたらそうなってしまう。叫びながら，頭を壁に打ちつけたり，手当たり次第に物を投げたりということですごいことになってしまいます。

　彼女の場合は，ここでリストカットします。これはわかっていてやっているコーピングです。訳がわからなくなって，死にたい，死にたい，ギャーとなっている自分を一瞬落ち着かせるためにリストカットをする。落ち着かせるためにやっている自分助けです。それから，それを写真に撮って，「あなたのせいで私はこうなった」みたいな感じで，彼に写メールで送ってしまいます。これもコーピングなのです。そして捨てられるのなら，私から捨ててやるということで，「別れましょう」と彼にメールを送ってしまう。

　そして，こういうことをしている中で，本当に自分のことが嫌になって，本格的に死にたくなってしまいます。それは自分でも危険だとわかります。この方はマンションの上のほうの階に住んでいますから，死のうと思えばベランダから身投げできる。本人も危ないと思っているのです。ですから，死ぬのだったら気絶したほうがいいという彼女なりの判

断で，テキーラとかウォッカとかラムとか，ものすごく強いお酒を薬と一緒にガブ飲みして倒れてしまいます。倒れて翌朝になると，二日酔いで動けない。死ぬ気力もないというところで，何とか死なせない方法に自分を持っていっているコーピングです。それから，カウンセリングでこの件を報告するというのもコーピングです。

　サポート資源は，彼です。彼はとてもアンビバレントな存在で，ストレッサーでもあるけど，助けてもらいたい相手でもあるわけです。また，サヤカさんにとっては，当時はリストカットはある意味大事なコーピングなので，そのための道具である刃物は大事なサポート資源になります。ケータイや，自分を気絶させてくれる強いお酒。いつでも死ねるとわかっているから今は死なないで乗り切れるということで，これもサポート資源です。

　なかなか痛々しいです。このようにサポート資源まで書いていくと，全体的にその方の置かれている状況や状態が見えてきます。アンナちゃんというのは友だちです。カウンセラーと認知行動療法もサポート資源に入れています。こんな感じで作っていきました。

　アセスメントシートの記入例（3）：タケオさんの場合
　もう一例ご紹介します（図3-14〜16）。
　これは，タケオさん（仮名）と，数枚に分けて作ったアセスメントシートです。7月2日（月）13時。会議でプレゼンをする直前に，まず身体反応として，手が震え始めました。その震える手に対して，「やばい！」という自動思考が生じます。そして，身体感覚への自己注目ということで，手の震えにすごく注意がいってしまいます。この注意というのも認知の一部です。
　そうなると気分として不安緊張感が40％くらい出てきます。そして，手の震えがさらに大きくなってきます。震えを止めるためにマイクを両手で握りしめつつプレゼンを開始します。

90

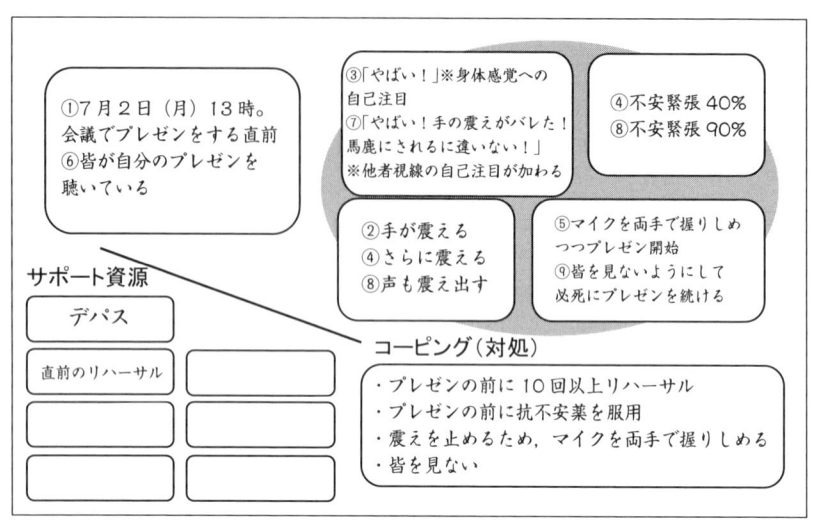

```
┌─────────────────────────────────────────────────────────────┐
│  ┌──────────────┐  ③「やばい！」※身体感覚への          │
│  │①7月2日(月)13時。│  自己注目                          ④不安緊張 40％│
│  │会議でプレゼンをする直前│⑦「やばい！手の震えがバレた！│⑧不安緊張 90％│
│  │⑥皆が自分のプレゼンを│馬鹿にされるに違いない！」      │
│  │聴いている      │※他者視線の自己注目が加わる         │
│  └──────────────┘                                            │
│                    ②手が震える      ⑤マイクを両手で握りしめ │
│                    ④さらに震える    つつプレゼン開始        │
│  サポート資源      ⑧声も震え出す    ⑨皆を見ないようにして  │
│  ┌──────────┐                       必死にプレゼンを続ける  │
│  │ デパス   │                                                │
│  └──────────┘         コーピング(対処)                      │
│  ┌──────────┐┌──────────┐                                   │
│  │直前のリハーサル││          │・プレゼンの前に10回以上リハーサル│
│  └──────────┘└──────────┘・プレゼンの前に抗不安薬を服用  │
│  ┌──────────┐┌──────────┐・震えを止めるため，マイクを両手で握りしめる│
│  └──────────┘└──────────┘・皆を見ない                     │
│  ┌──────────┐                                               │
│  └──────────┘                                               │
└─────────────────────────────────────────────────────────────┘
```

図3-14　アセスメントシート記入例（3）：タケオさんの場合

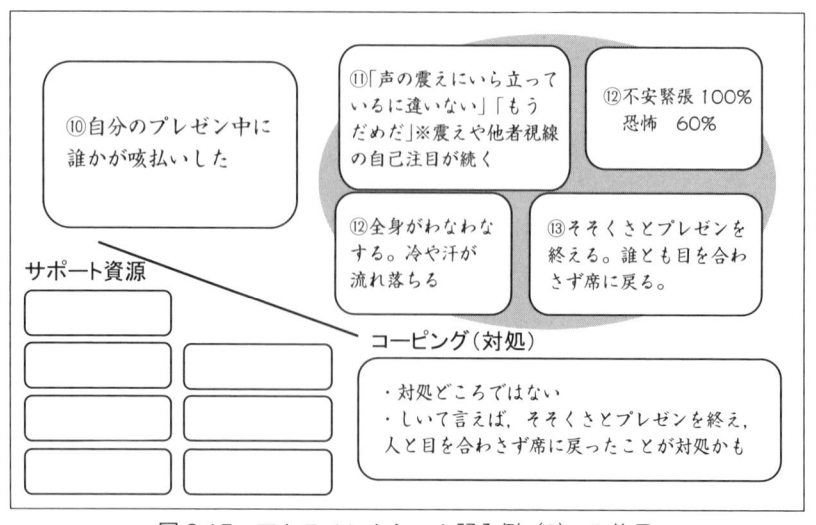

```
┌─────────────────────────────────────────────────────────────┐
│                    ⑪「声の震えにいら立って│                 │
│  ┌──────────────┐  いるに違いない」「もう │⑫不安緊張 100％│
│  │⑩自分のプレゼン中に│ だめだ」※震えや他者視線│恐怖　　60％│
│  │誰かが咳払いした  │  の自己注目が続く      │                │
│  └──────────────┘                                            │
│                    ⑫全身がわなわな   ⑬そそくさとプレゼンを │
│                    する。冷や汗が     終える。誰とも目を合わ │
│  サポート資源      流れ落ちる         さず席に戻る。         │
│  ┌──────────┐                                               │
│  └──────────┘         コーピング(対処)                      │
│  ┌──────────┐┌──────────┐                                   │
│  └──────────┘└──────────┘・対処どころではない              │
│  ┌──────────┐┌──────────┐・しいて言えば，そそくさとプレゼンを終え，│
│  └──────────┘└──────────┘人と目を合わさず席に戻ったことが対処かも│
│  ┌──────────┐                                               │
│  └──────────┘                                               │
└─────────────────────────────────────────────────────────────┘
```

図3-15　アセスメントシート記入例（3）：2枚目

第3章 主訴を同定し，エピソードのアセスメントを行う

```
⑭自分のプレゼンが終わり，    ⑮「ああ，またやってしまった」    ⑯落ち込み100%
次にA君のプレゼンが始まる      「ダメなやつだと思われたに      自責80%
                              違いない！」「でも本当に自分は
                              ダメだ」「プレゼンのない世界
                              に行きたい」
                              ※グルグル思考

                              ⑯震えはおさまる。       ⑰A君のプレゼンをぼん
                              全身がどっと疲れ        やりと聞く（集中してい
サポート資源                   る。ぐったり。          ない）。水を飲む。

    水                       コーピング（対処）
   コーヒー        「このままじゃヤバ   ・水を飲む。
                   い」という思い      ・会議の後，コーヒーを飲んでボーっとする。
  課長（優しい）                      ・課長に「俺，ダメでしたよね」と聞いたら
                                     「そんなことないよ」と言ってもらえた。
```

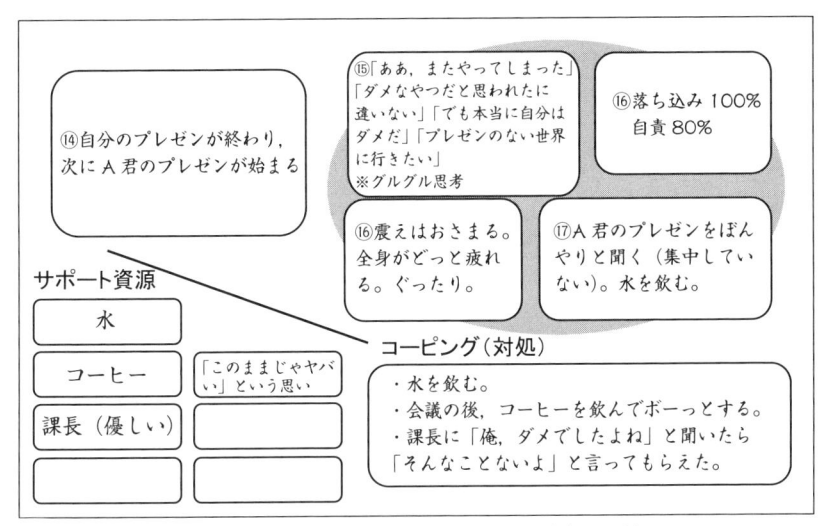

図3-16　アセスメントシート記入例（3）：3枚目

　みんなが自分のプレゼンを聞いているという状況に対して，「やばい！　手の震えがバレた！　馬鹿にされるに違いない！」と考えます。みんなが自分のプレゼンを聞いているのではなくて，手の震えを見ているといった受け止め方になってしまうのです。これを「他者視線の自己注目」と呼びます。みんなが自分の気になる身体感覚を見ているというふうに自己注目が加わる。そうなると不安緊張がさらに高まり，90％に跳ね上がってしまうわけです。それから手だけでなく声までもが震え出してきます。もうこうなったら，絶対にみんなを見ないようにして必死にプレゼンを続ける。

　これに対するコーピングとしては，いわゆる「安全行動」として，プレゼンの前に何回も何回もリハーサルして，大丈夫なようにしたり，あとは，プレゼンの前に抗不安薬（デパス）を飲むわけです。震えを止めるためにマイクを両手で握りしめるという安全行動もコーピングです。それから，手の震えに注目しているみんなを見ないというのも，タケオさんにとってはこのときは必死のコーピングです。サポート資源はあま

りありません。

　この続きとして，必死にみんなを見ないようにしながら，両手でマイクを握りしめながらプレゼンをしていると，咳払いが聞こえます。多くの人がいるのですから誰かが咳ぐらいするはずです。しかし，彼の自動思考はその咳払いについて「自分の声の震えにいら立っているに違いない」「もうだめだ」という感じになってしまい，自己注目がさらにひどくなっていくわけです。

　そうすると，不安緊張がマックスになり，恐怖心まで出てきてしまう。身体反応としては，全身がワナワナして，冷や汗が流れ落ちる。プレゼンは何とか終えるのですが，そそくさと終えてしまう。「何か質問ありますか？」ではありません。とにかく，用意したスライドだけは終えて，「はいおしまい」みたいな感じで，誰とも目を合わさず席に戻ります。

　ここまで来てしまうと，対処どころではありません。強いて言えば，これ以上みっともない姿をさらさないように，そそくさとプレゼンを終え，人と目を合わさず席に戻ったことが対処と言えば対処かもしれません。

　自分のプレゼンが終わり，次にA君のプレゼンが始まります。ですが，A君のプレゼンを聞くのではなく，今の自分のパフォーマンスに対する否定的な自動思考がグルグル回っています。「ああ，またやってしまった」「ダメなやつだと思われたに違いない」「でも本当に自分はダメだ」「プレゼンのない世界に行きたい」という感じで，反すうします。そうすると，ものすごく落ち込みますし，自責感が出てくる。震えは収まるのですが，全身がどっと疲れて，ぐったりする。見た目上はA君のプレゼンを聞いているようで，あまり集中できない。それで水を飲みます。

　コーピングとしては，水を飲む。そして，会議の後，コーヒーを飲んでボーっとする。それから課長に「俺，ダメでしたよね」と聞きに行

く。そうすると「そんなことないよ」と言ってもらえた。ですから，ダメだと思いながら，どこかで「ダメでないかもしれない」あるいは「ダメでない自分でありたい」というように揺れているわけです。サポート資源としては，「そう言ってくれる優しい課長」が挙げられました。

　このような感じで，複数のシートを使って，一連のエピソードを聞いていく場合もあります。

　アセスメントのポイント

　アセスメントのポイントとしては，とにかく具体的なエピソードが大事だということです。「いつもこうなんです」というのを，「いつも」のレベルで聞いてしまうと，漠然とした1枚しかできません。漠然とした1枚では，具体的なポイントが見つかってきません。漠然としたアセスメントはあまり意味がないのです。たとえ「いつものこと」であれ，その「いつも」が最近だといつ起きたか。「○年○月○日○曜日○時○分○秒」という，まさにそのエピソードが起きたそのとき，その場所をネタとして出してもらい，それを使ってアセスメントします。

　主訴の同定の例で「自分に自信がない」と言っていたDさんもそうでしたが，エピソードが特定しづらい場合があります。そのときは，モニター表でそういう主訴に関わる体験が日常生活でどう起きているのか。まずモニタリングから始める場合もあります。

　さらに，そもそもモニタリングが難しい人もいます。自動思考のモニターがなかなかできない。あるいは感情をモニターすることが難しい。身体感覚になかなか注意が向けられない。ただし，自分が何をやったか，行動をモニターできない人はまずいません。解離している場合は別ですが，解離が起きていなければ，行動のモニターはできます。難しいのは内的な体験です。身体反応や，生々しい感情，気持ちの部分，あるいは頭に浮かんでくる生々しい自動思考そのものを見ないようにして生きてきた人がいます。そういう方々の場合は，アセスメントの前に，モ

ニターの練習を十分に行います。

　否定的な自分の体験に蓋をして生きてきた人。そういうのはなかったことにして，生き延びてきた人。あるいはなかったことにして問題解決ばかりしてきた人は，主訴に関わる現象や体験をモニターするのが，一番ハードルが高いのです。その場合は，主訴から離れてマインドフルネスの練習から行います。レーズン1個を取り出して，触ってみて，口に入れて，咀嚼して飲み込む中に，いろいろな体験が詰まっているよねということをわかってもらう。あるいは自動思考に対して，たとえば「葉っぱのエクササイズ」のように，出てくる自動思考を何でもいいからキャッチして，葉っぱに乗っける。このように，主訴やストレスネタを置いておき，まず自分の体験に触れるトレーニングをする必要があるケースもあります。

　私たちのケースでは，1年間マインドフルネスの練習をして，やっとネガティブな感情に触れられるようになったという人もいます。時間はかかってもこの作業は絶対に必要です。生々しい自分の体験を，生々しくキャッチできるようになることがまず第一歩。そのうえでアセスメントがあるとお考えください。

　逆に，過去のエピソードであっても，5W1Hを同定できれば，アセスメントはできます。もちろん，今起きていることをアセスメントできれば，一番生々しいグッとくる1枚が作れます。しかし，たとえば私が担当しているケースでいうと，ずっと引きこもっていた人が「社会復帰したい」という場合がありました。ただしせっかく社会復帰して，また引きこもりに後戻りしては元も子もないので，引きこもった当時のことを振り返ってそうならないようにしたいという場合，引きこもっている間は，対人関係のネタがないわけです。そうなると，ずっと昔にバイトをしていたときに，店長に怒られて傷ついたといった20年前のネタを持ってくるしかありません。そんな昔のネタでも，しっかりと状況が同定できると当時の記憶がありありと出てきて，クライアント自身がびっ

くりしたりします。トラウマが最たるものですが，ストレスになる体験は，生々しい形でその人の中に残っているので，しっかりとそのエピソードを聞くことができます。過去の話であってもアセスメントは十分にできるのです。

　アセスメントの作業を通じて，メタ認知の機能を上げていきます。外在化されたものに対して，否定したり，飲み込まれたりすることもなく，しかも冷ややかに見る，否定する，評価するということもしない。「こうなっちゃうんだよね」ということをマインドフルに受け止められるようになると非常に良いと思います。それだけで主訴が解消される場合もあります。

　感情に触れないように生きてきた人の場合，そこが身体化されて症状になっていたり，問題が起きていたりします。むしろ自分の体験にしっかり触れられるようになって，しかもそれをマインドフルに受け止められるようになると，それで身体化されていたのがなくなってしまったとか，自分を大事にできるようになったということは少なくありません。

　CBT においてアセスメントの作業は非常に重要です。クライアントも実際にアセスメントをやってみて，体験としてその重要性がわかるものなので，最初は頭の理解でかまいません。あとはやってみる。最初はピンとこないかもしれませんが，これはとても大事なのだということをこちらがクライアントに繰り返し伝えていきます。やっていくうちに，だんだん馴染んできて，これがどれくらい大事かが伝わっていきます。自分としてはピンとこないけど，セラピストがこんなに大事だ，大事だと言っているのだから，よくわからないけど大事なのだろうと，まずはそこからでいいと思います。

❖デモンストレーション－主訴に関するエピソードのアセスメント

スズキさんとのデモンストレーション：主訴に関するエピソードのアセスメント

それでは，スズキさん，再びお願いします。

今日はアセスメントシートの，コーピングやサポート資源の欄は置いておき，シートの上の部分，すなわち認知行動療法の基本モデルの循環のところがどうなっているのか，というところをアセスメントしていきます。

スズキさんの主訴の同定

「何か思うようにいかないと，
ひどくへこむ方向にいくか，
怒りを抑えられないという方向に行ってしまう」

伊藤：それでは，宿題でお願いしていた「何か思うようにいかないと，ひどくへこむ方向にいくか，怒りを抑えられないという方向に行ってしまう」という主訴に関わるエピソードを1つご用意いただけましたでしょうか。

スズキ：ごく些細なことなんですが，1月5日（木）の朝8時半頃，僕のほうが妻より早く起きるので，前日の食器やフライパンなどの洗い物をしていたんです。今シンクが不具合になっていて，すぐ詰まって水が溜まってしまう状態です。それで思うようにいかなくて，「また，溜まっちゃったな」と思っていました。そこに妻が起きてきて，「食器は拭いてから洗えばいいんだよ。それをやるようにしよう。私がそれをやっていたから，前の家では詰まらなかった」みたいな話をしたのです。そうしたら，瞬間的にワァーとなってしまって……。

伊藤：その場合，「何かが思うようにいかない」というのは，どこなのでしょうか？

スズキ：2つあると思っています。1つは水が溜まってしまうということが物理的にあること。もう1つは実は僕は妻からそう言われて，食器とかフライパンとか，新聞紙を縦にちぎって洗い物をする前に拭くようにしていたんです。にもかかわらず，いかにもやっていないみたいに言われてしまって……。

伊藤：では，やっていたんですね。

スズキ：やるようにしていたんです。ただ，100％やっていたかというと，そうではないかもしれないけど，僕だって気をつけてやっていたのにという……。

伊藤：そうすると，やっていたのに言われてしまった。やっていたのに詰まってしまったということですか？

スズキ：やっていたのに詰まってしまったことへの怒りはそのときはあまりありませんでした。「やっていたのに言われちゃった」ですね。

伊藤：わかりました。そうすると「何か思うようにいかない」プラス「それに対する指摘」といったことが，もしかしたら主訴に入ってくるかもしれないですね。そのへんを見ていきましょう。洗っていてどのくらいでシンクの水が溜まり始めたのですか？

スズキ：5分くらいですね。すぐ溜まりますから。

伊藤：わかりました。5分後にシンクに水が溜まり始めた。そうすると，洗い始めて水が溜まり始めた状況に対して，このへんからうまくいかない感じが発生するのですか？

スズキ：「嫌だな」というのは始まっていますね。

伊藤：水が溜まり始めてからの反応を見ていくと，自動思考としては？

スズキ：「またか」とか「嫌だな」とか。あと「何で？！」というのもあり

ますね。溜まるという現象がこの先，ずっと続くというイメージもあります。

伊藤：これっきりではなく，繰り返される感じですね。そうなると，気分的にはどうなのでしょうか？

スズキ：嫌な感じ。不安があるかな。自分が詰まらせてしまったという意識があるんです。

伊藤：そういうことは，ただ嫌だということがある一方で，それをつくってしまったのは自分だみたいな思いがある。それは自動思考的に出てきているのですか？

スズキ：自動思考的に出ていますね。

伊藤：どんなふうに出ていますか？

スズキ：「また，何か言われるんじゃないか」とか「俺のせいにされるのではないか」とか。「また蒸し返される」みたいなイメージです。

伊藤：自分のせいだとは思っていないけど，自分のせいだとされるという感じ。それとも……。

スズキ：自分のせいなんですけど，でも，溜まっている水を見て，自分のせいにされるほうが気になっていますね。

伊藤：「またな」「嫌だな」ということにプラスして，「また，言われるんじゃないか」とか「また，自分のせいにされる」とか。

スズキ：「また，責められるんじゃないか」とか。

伊藤：実際に自分のせいで溜まっているんだなとか，自分のせいだという思いはここでありますか？　それとも，あまりない感じ？　とにかく「言われるのが嫌だな」みたいな？

スズキ：勝手に浮かんでいるのは後者ですね。コーピング的にはそれが浮かんだときに，「詰まるようにしちゃったのは自分でしょう」と言い聞かせる感じかも。

伊藤：湧き上がってくる自動思考は後者でいいですね。ということは、水が溜まったのを見たところで、言われるんじゃないか、自分のせいにされる、責められる、こういう連なりですよね？

スズキ：はい。

伊藤：わかりました。それで、さっきおっしゃっていた不安が出てくる。不安なんですね？

スズキ：不安です。

伊藤：他の気分、感情はどうですか？

スズキ：不安が強いですね。

伊藤：数字をつけるとすると？

スズキ：嫌な感じが50％。不安が70％。不安が強いです。

伊藤：身体的にはどうですか？

スズキ：お腹のあたりが落ち着かない。重心が上がるような感じ。足が地についていないような感じがちょっとしてきます。

伊藤：行動としては洗い続ける？

スズキ：水が引くのを待ちながら、洗い物を続けます。

伊藤：洗い物を続けている最中に自動思考が繰り返される中で……。

スズキ：9時に妻が登場します。そして「洗う前に拭くのが大事だよね。前の家では私がやっていたから、10年経っても詰まらなかったと思うんだよ」と、言い方は穏やかでしたね。責めるような口調ではなかったと思います。声のトーンも低かったですし、怒ったような甲高い声ではなかったです。

伊藤：位置関係としては、スズキさんが洗い物をしていて、奥さんはどのへんにいるのですか？

スズキ：すぐ左斜め後ろ、肩ごしにいます。

伊藤：まさに洗っているのを斜め後ろから見て、詰まっているのが見えて、

それで言ったという感じですね。言われた瞬間の自動思考は？

スズキ：「エラそーに！」というのが出ました。あとは「今はやっているよ！」「見ないで言うなよ！」という感じですね。

伊藤：なるほど。

スズキ：直前まではまた言われるのではないかと不安なんだけど，実際言われたら言われたで，「エラそーに」とか。この場合はもう怒りに変わった感じです。ガラッと変わりますね。それまでは不安で言われたらどうしようと思っていたのに，言われたら「コノヤロー」という，そっちですね。

伊藤：「コノヤロー」も出ていますか？

スズキ：出ていますね。

伊藤：臨場感がありますね。そのように怒りを湧きあがらせるような自動思考が出てきて，そうすると気分的には？

スズキ：怒りですね。

伊藤：何％くらい？

スズキ：その瞬間には90％くらいですかね。

伊藤：他はどうですか？

スズキ：そのときは怒りだけですね。

伊藤：最初の不安は？

スズキ：不安は消えています。言われてしまったわけですから。

伊藤：身体の反応はどうですか？

スズキ：頭が熱くなって，全身がカッとなる。

伊藤：そして，行動は？

スズキ：あまり大きくない声で，しかし，トゲのある言い方で，「わかっているよ！」って言いました。

伊藤：それは洗い物の手を止めてですか？

スズキ：いや，やり続けながら言っていますね。本人に向かって言っていないです。シンクを見ながら言っています。妻はリビングのほうに去って行っているんですね。去るのを待って言ったような感じがします。目の前にいる人に面と向かって文句を言ったのではなくて，ちょっと間をおいて妻が去って行った後に，捨てゼリフ的に言っています。それも聞こえるか聞こえないかみたいな感じですね。

伊藤：なるほど。それは意図としては聞こえてほしくないのか，聞こえてほしいのか，どちらですか？

スズキ：僕がムカついていることはわかってほしいけど，あまりにもはっきり言うとカッコ悪いなみたい……。

伊藤：微妙な感じですね。わかりました。聞こえるか聞こえないような声でということですね？

スズキ：そうそう，そんな感じです。

伊藤：それを言ったところの奥さんの反応は？

スズキ：何も反応はないです。

伊藤：無視？

スズキ：無視です。聞こえなかったのかもしれないし。

伊藤：奥さんの反応はなしということですね。その後，どうなったのですか？

スズキ：その後，怒りは収まらないわ，情けないわという感じです。抑えられないことが暴力に出るというよりは，持続してしまうのです。そこが僕の問題だと思っています。

伊藤：そうすると，奥さんの反応がないところで，収まるというよりかは……。

スズキ：収まらないです。

伊藤：その後，洗い物は続いているんですよね。その怒りはいつまで続いた

んですか？

スズキ：そこは，最近認知行動療法をセルフでやっているので，自分の気持ちを伝えるようにしています。伝えて，それを妻が「ああ，そうなっていたんだ，わかった，了解」としてくれたら収まるのです。そこまで行き着くまで高い怒りのまま続いてしまう。

伊藤：今日は時間が限られていますので，このあたりで終わりにしておきますけど，もう少しだけ。奥さんの反応がないところで，どういう自動思考で怒りが続くんですか？

スズキ：ちゃんと話を聞けよ，みたいなものが出てきています。「無視すんなよ」みたいな。

伊藤：今度は，反応がなかったことに対する怒りみたいな？

スズキ：それも加わってきますね。

伊藤：「コノヤロー」みたいなものも残っていますか？

スズキ：残っています。それと，もうひとつは，その反面，今度はそう思っている自分がわかるので「そういう自分が情けないなあ，小さいなあ」とか。

伊藤：最初の自動思考は残っていて，一方でそのような自分に対する思いが出てきて，気分的な怒りは持続しているんですね？　何％くらいですか？

スズキ：「怒り」は90％で同じですね。高いまま続くんです。プラス「情けなさ」60％。わかってもらえないことに対する「悲しさ」。

伊藤：それに対する自動思考もありますか？

スズキ：「やっぱり，わかってもらえなんだ」とか「やっぱり，オレのせいにされちゃうんだ」とか。不安の裏返しみたいな感じだと思います。

伊藤：「やっぱり」的な自動思考がある。そうすると，それに対して「悲しい」。それは何％くらいですか。

スズキ：40％くらい。

伊藤：行動の続きだけ確認して終わりたいのですが，それで実際に洗い物を最後まで終えて，その後，自分の行動に何か支障が出ることはありますか？

スズキ：そうなると妻と会話をしないです。しばらくは「だんまり」という状況が続くわけです。会話ができなくなってしまいますね。妻は忘れていて，他の話題に気がいって話しかけられるのですが「返事をしない」。もしくは「気のない返事」だったと思います。

伊藤：そのあたりも含めてもう少しきちんと外在化したい感じはあるのですが，今日のところはこれで終わりにしたいと思います。どうですか。書き出されたものをご自分で眺めていただいて，まさにこの日，このとき，こんなことが起きていたなということと，これがまさに主訴に関わる自分の体験だなという感じはありますか？

スズキ：そうですね。何が起きていたのかというのを整理できたなと思うのと，あとは見てちょっと笑っちゃいますね。自分だけで独り相撲を取っているなという感じがあります。それから主訴に絡めては，「わかってもらえない」というのが，思うようにいかないという中にあるんだなというのが，今日話を聞いてもらってわかりました。わかってもらえないときに，へこんだり，怒りが抑えられなかったりするんだなということがわかりました。

伊藤：ありがとうございます。

（デモンストレーション終了）

【デモンストレーションに対しての感想と疑問】

伊藤：アセスメントのワークをやってみての感想をお願いします。

スズキ：繰り返しになりますが，やりながら何かバカバカしくなってくる感じです。そんなふうに独り相撲を取っていたのかというのが見えてきて，滑稽な感じがちょっとしています。

伊藤：それは嫌な感じではない？

スズキ：ないですね。笑っちゃうなという感じですね。

伊藤：マインドフルな感じですかね？

スズキ：マインドフルですね。この通りだよね。そのことに対して怒りや情けなさというのは出ないです。

伊藤：わかりました。今のセッションに対して，皆さんからスズキさんや私に対する質問や，全体の感想はありますか？

参加者：認知の②の「また言われるんじゃないかとか」という自動思考を出しているときに，その前にシンクを詰まらせたのが自分みたいな前提の思いが出てきています。その前提の思いみたいなものは，外在化しないのですか？ あるいは，詰まらせたのは自分だと思っているんだけども，それは事実なのかみたいな確認はするのでしょうか？

伊藤：はじめに詰まらせたのは自分だという話が出てきていて，あとでもう一度確認すると実はコーピングなんだとおっしゃっていました。ですから，コーピング欄に書くときにこの件についてもう一度確認して，やはりコーピングだということであれば，そのときに記入します。また事実確認についてですが，ここでは，シンクを詰まらせたのが本当に自分なのかどうかということよりは，その現状に対する奥さんとの対話がメインなので，そこはあまり深追いしない。メインがシンクを詰まらせたことに対するストレス体験だったら，誰がどう詰まらせたか，ということを追っていくと思いますが，このエピソードでは追わ

ないと思います。スズキさん，どうでしょう？
スズキ：おっしゃる通り，今の話はシンクを詰まらせたことを聞いてほしかったのではないんです。そこの焦点の当て方が，自分が聞き役だったときに，間違ったほうに振らないように気をつけないといけないなと今，逆の立場で考えました。
伊藤：ご協力ありがとうございました。

モリタさんとのデモンストレーション：主訴に関するエピソードのアセスメント
それでは，次にモリタさんお願いします。

モリタさんの主訴の同定

「相手が不快に感じるかもしれないことを
伝えるまでにいろいろと考え過ぎてしまう。
このこと自体が面倒臭いし，
伝えるのが遅れてしまう（時間ロス）」

伊藤：「相手が不快に感じるかもしれないことを伝えるまでにいろいろと考え過ぎてしまう。このこと自体が面倒臭いし，伝えるのが遅れてしまう（時間ロス）」。この主訴に対して，アセスメントをしていきます。今日1つエピソードを出していただいて，それで整理をしていきます。よろしいでしょうか？
モリタ：はい。
伊藤：それではいつこれに関するどんなことがあったか教えていただけますか？

モリタ：12月3日（水）の夕方にあるところで研修を受けることを決めました。その研修は絶対受けたいと思ったのですが，平日なので仕事だということがわかっていました。つまりその日は早退をしないといけない。それを上司に口頭でどう伝えようかということが，すごくグルグルしてしまったんです。

伊藤：実際に上司に言うのが遅れてしまった？

モリタ：12月3日の研修日の1週間前くらいになってしまいました。

伊藤：期間としては，エピソードはどのくらい続いたのですか？

モリタ：研修が決まったのが9月か10月くらい。

伊藤：伝えるまでにいろいろ考え過ぎてしまうというエピソードは，どこかからスタートするのですか？

モリタ：決まったときは，まだ先だみたいな感じで，すぐではないのですが，ずっといつ伝えようかと……。

伊藤：伝えなくてはいけない必要が発生したところから，若干伝えなきゃという気持ちがあったわけですね？

モリタ：ありました。絶対行きたいので「伝えなきゃいけない。でも，自分の都合で早退して嫌なヤツと思われないかなあ」とか。

伊藤：もう最初から出始めている。他はどうですか？　いつ伝えようかとか？

モリタ：「早めに伝えなきゃ，失礼にあたるなあ」。あとは「伝えたときに，相手が不快を示すイメージ」が湧く。

伊藤：他はどうですか？　「伝えなきゃ」「早めに伝えなきゃ失礼にあたる」ということで，「早めに伝えなきゃ」と思うんだけど，でも，「伝えると嫌なヤツと思われる」とか，「不快を示される」とか。

モリタ：「伝えるのが嫌だな，怖いなあ」という感じ。不快にさせてしまう。あとは，タイミングを計るかもしれません。「どう伝えよう」「ど

う伝えると無難にこせるか」とか，同時に考えています。

伊藤：それでは，決まった瞬間から，伝えなきゃ，でも伝えたら不快を示される。「どうしよう」もありますよね。

モリタ：はい，「どうしよう」もあります。

伊藤：そんなものも出始める？

モリタ：出始めていますね。それが，だんだん強くなっていく感じ。

伊藤：では，出始めたときの気分を聞きましょうか。

モリタ：あせりが20％。恐怖が強く50％。心配50％。迷い50％。憂うつ40％。

伊藤：初めからしんどいですね。

モリタ：ああ，面倒くさ！

伊藤：今，面倒臭いと言いましたが，それもありますか？

モリタ：伝えることに対してあります。自分に対してもあるかもしれないですね。「ああ，こんなことまた考えちゃって」みたいな。もうちょっと後からですけど。

伊藤：身体反応は何か出ますか？

モリタ：最初は，若干身体が重くてしんどい。5％くらい。

伊藤：では身体に出るほどではないのですね？　行動で影響が出ることはありますか？

モリタ：表面上はないです。上司には週に1回しか会えないので，どこで伝えようかなとかは考えますが，初めのうちは特に影響はありません。

伊藤：日がどんどん経っていって思いが変化していくというよりは，それぞれの気分・感情が強まっていく？

モリタ：怖くて，行動を先延ばす感じになります。

伊藤：気分・感情が上がるタイミングはいつですか？

モリタ：その人に会えるときがあと数回しかないときになると，ヤバイと。

伊藤：そうすると，「決めました。伝えなきゃいけない必要性が発生しました」，そして，上司にあと数回しか会えないというところに至るまでの間に，まず先延ばしが発生して，本当に数回しかないときにどうするかみたいな感じですか？

モリタ：そうですね。

伊藤：いつ腹をくくったんですか？

モリタ：（研修に行く）前の週です。

伊藤：その前にも上司には会っているんですよね。その間には出てこないのですか。

モリタ：折々出てくるけど無視している。

伊藤：伝える必要が発生して，しばらくの間，認知が出てきて，日常生活に影響はないけど結局伝えない？

モリタ：伝えないです。

伊藤：伝えないで，どんどん日にちが経つと，気分・感情がだんだん強まっていくのですか？

モリタ：だんだん強まっていきます。意識はしていて，折々思い出すので。

伊藤：身体もだんだん重くなっていく？

モリタ：ドキドキしてきます。

伊藤：5%よりも上がっていく？

モリタ：はい，上がります。

伊藤：それでも，伝えないというのはどういうことなんでしょうか？

モリタ：怖いんです。怖いというのが強いです。そこが一番上がります。怖いから伝えるのが嫌みたいな感じ。わかってはいるんですけど。

伊藤：今度は「伝えない」ことに対しても，何か反応が出てきますか？

モリタ：伝えればいいのにと，今後は自分にイライラしていきます。

伊藤：そういう自分に対してはどんな自動思考が出てきますか？

モリタ：伝えるのは一瞬で済むのに。面倒臭い。(自分が) 弱っちい。

伊藤：でも怖いから，伝えない。自分に対するものが出てくると，気分的にはどうですか？

モリタ：自分に対してイライラする，情けない。

伊藤：そして，「伝えるためのラストチャンスの日」を迎えて，どうなりますか？

モリタ：もう，つべこべ言っていられないので，むしろいつ伝えようとか，その人の時間でどこが空いているかなとか探すように，切り替わります。

伊藤：それは対処みたいな感じですね。「怖い」みたいな感じではなくて。

モリタ：怖いんですけど，「怖い」より「背に腹はかえられない感じ」が出て来る。だから「怖い」を超えて伝える。

伊藤：わかりました。そうすると，主訴に関して言うと，実際伝えらないわけではなく，最後は背に腹はかえられなくなって，むしろ伝える。伝えてみて，上司の反応は実際にはどうだったんですか？

モリタ：「ああ，わかりました」みたいな感じ。

伊藤：そのことについて，ああ早く伝えておけば良かったとか，そういうものも出てきますか？

モリタ：ありますね。

伊藤：なるほど。本当は時間があればそこまで含んで，実際に伝える時はどうだったか。伝えてみてまた何か出てくるわけですよね？ そこまでが一連の流れになるので，実際はそこまで見ていくことになると思います。……こんなふうに書き出してみて，どうですか？

モリタ：よく繰り返されていることだと思います。

伊藤：まさに，自分の主訴に関わる体験ということですね。はい，ありがと

うございました。

(デモンストレーション終了)

【デモンストレーションに対しての感想と疑問】

伊藤：デモンストレーションをやってみての感想をお願いします。
モリタ：セルフでもアセスメントはやるのですが，距離が取りづらい感じがします。でも，聞いてもらったり，書いてもらったりすると，いろいろ考えて好き勝手に言えるし，しっかりできたなという感じがしました。
伊藤：今のデモンストレーションに対して，モリタさんに対する質問や私に対する質問，感想でも構いませんので，何かありますか？
参加者：12月3日に研修を受けようと決めてから，一連のことが起こったということだと思うのですが，受けようと決めるまでのプロセスも結構気になります。そこは，本人の中から出てこなければ流してしまっていいのでしょうか？
伊藤：今，言われてドキッとしたのですが，そこを確認しておけば良かったなと思いました。どうでしょう？
モリタ：実はありますね。私自身，話しながら思っていたのですが，研修に行きたいという思いが強かったので，そこはもういいやと決めていたということはあります。ただ，多少の迷いはありました。
伊藤：でも，どこかで本当は大丈夫だというのも知っているんですかね。伝えるのは一瞬で済むし，伝える前に決めているということは，実は大丈夫だと踏んでいる。
モリタ：そうですね。「たとえ何か言われてもしょうがないじゃん」という

自分も実はいる。自分の場合，「怖い」というのに絡め取られているというのを，話しながらすごく感じました。

参加者：これは認知行動療法ではやらないかもしれませんが，たとえばそれが怖いと思うようになったのは，過去に何かあったのかとか，そういうことは聞かないのでしょうか？

伊藤：アセスメントの文脈で，今この現象をCBTのモデルで見ましょうというときには，そこまでは聞かないかもしれません。先ほどのサヤカさんの例のように，彼から2時間返事が来なくて，「見捨てられた，死にたい」だと，何で？という感じがあるので，少しそこを見ていくと思います。モリタさんの場合は，話としてはわからなくもない。そのへんはお互いの理解の重なり方もあると思いますが，私はこの場合は何でそこまでという感じはしなかったので，聞かないと思います。そこはどうですか？

モリタ：突っ込んでいけば，相手がどういう反応をするかということをすごく気にしている自分も普段からいる。そこはスキーマ的にあるなと思います。ただ，この問題に関しては，行動的に調整したり，早めに曝露できればいいという解決像が何となく自分の中にあるので，あまりそこまで考えない。このときにどうするのがいいかを話し合えるといいなという気はしたので，そこは聞かれなくてもあまり違和感はなかったです。

伊藤：「見捨てられ不安」のサヤカさんも，さきほどは1枚しかツールを出しませんでしたが，実際はアセスメントであのような体験がたくさん出ているのです。そしてどのエピソードにも，見捨てられることに対するものすごい不安が出てきている。それでスキーマを同定したのです。

モリタさんの場合も，何回もツールを作っていって，その中で「怖

　　　　い」にやられてしまって行動がとれないということが繰り返しパター
　　　　ンとして見えてきたら，スキーマについて話し合いをするかもしれま
　　　　せん。
参加者：すごく些細なことを根掘り葉掘り聞かれていましたが，どこまで掘
　　　　り下げていくのでしょうか。先生が材料として必要なところまでやっ
　　　　ているのでしょうか？　それともお話しする方が納得するというか，
　　　　出し切るようなところまでやっているのでしょうか？
伊藤：相手が話したいように話してもらうというより，ここでの目的はアセ
　　　　スメントです。テーマにしている主訴に関して，1つのエピソードに
　　　　詰まっていることは全部知りたいのです。些細なことの中にこそ，そ
　　　　の人ならではの体験がぎゅーっと詰まっています。言ってしまえばそ
　　　　の人らしさ，その人らしい反応が詰まっているはずなので，むしろ些
　　　　細なところをぐっと広げて，そこで起きていることは全部外在化し
　　　　て，まとめてみる。ですから，クライアントが話したいことというよ
　　　　りは，お互いにちゃんと共有しておくべきこととして聞いています。
参加者：際限ないわけでなく，バランスを考えているけれど，クライアント
　　　　が話したいことは意味があるのではないかという聞き方をしていると
　　　　いうことでよろしいのでしょうか？
伊藤：クライアントが主訴からいろいろな枝葉の気持ちが出てきてしまっ
　　　　て，エピソードと関係ないことを話したくなってしまうこともあり
　　　　ます。それは聞かないです。今は主訴を理解するためにやっている
　　　　ので，主訴に関するエピソードに詰まっている体験はデータとして全
　　　　部聞きます。それに連想が広がって出てきたことはむしろ聞かないで
　　　　す。
参加者：今の例だと，クライアントがどんどん自動思考も感情も身体反応も
　　　　出してこられたのですが，なかなか出ないという場合もあります。そ

のときに，待つということもありますし，よくある例などを投げかけて，ないならないと否定してもらったらいいんだけどという形で，ご自身で考えてもらう。そういう質問のやり方は使われますか？

伊藤：そうですね。ただ，モニターすることができている人であれば，出てこないということはありません。あまり出てこない場合は，いったんこの課題はあきらめて，セルフモニタリングのトレーニングをしばらくしてもらうということはあります。モニターができるのに出てこないという場合は，クライアントが出せないのではなくて，セラピスト側の状況設定が甘い場合が多いのです。そのときの状況に自分が戻れれば，ある種の再体験になります。再体験し，ありありとその場に戻れると，思い出してもらわなくても出てきます。出てきたものをモニターできれば報告はできるはずで，そこまでモニターできれば出てこないということはまずありません。その場に戻ってもらうことが大事です。

参加者：もうひとついいですか。社会的に地位が高い人の場合だと，ずっと長い間怒ってはいけないとか，不安を感じてはいけないというようにされてきています。それを出すことは男性の場合は男らしくない。女性の場合だと，女性は怒ってはいけない。そのように自分に課して生きてこられた。その場合に，感じられてはいるのですが，言葉にしてアセスメントの場に出せないというのを，こちらも感じ取れるときがあります。そのときも一度離れるというやり方をされていますか？

伊藤：感じ取れた場合は，その感じ取れたものをいったん投げてみますね。「そうじゃないかと思うんだけれども」と。感じ取ることもできないし，その人も本当に感情を感じないようにカットしてきた人がいます。おっしゃるように社会的地位の高い，仕事ができる男性で身体化している人。女性だと幼少期に虐待を受けていて，つらい感情を感じ

たときに自分は壊れてしまうかもしれないみたいな方の場合は，こういうことができる状態ではありません。ですから，まずマインドフルネスのトレーニングとか，朝起きてカーテンを開けたときに出てきた自動思考などのように，むしろ無害な状況に対する自動思考に十分触れる練習をしてもらいます。それから，ではもう1回主訴に近づいてみようということにします。こういうケースは一番大変です。

参加者：相手が感情をカットしているのか，感じているけど言葉で言うことをためらっているのかというところを感じ取るということですね？

伊藤：そうです。

参加者：防衛機制で知性化していて，認知の部分ばかり出てきて，他の気分や身体の反応，行動がまったく出せない。行動も「いつも通りでした」と言われる。一つひとつ聞いても特徴がない。そういうときに，工夫できる部分があれば教えていただきたいのですが。

伊藤：今のご質問については，その方自身が自分の体験に生々しく触れられていなくて，知性化ということで報告される思考も本当の自動思考ではなく，自分で作った思考をただ出しているという可能性はありますか？

参加者：ありますね。全然イキイキとしていない感じがあります。気分を聞くと，むしろ押し黙ってしまう。ただ，言っていることはもっともだなということを言っている。そういう人にどう聞いていったらいいかというのは悩ましいのです。

伊藤：それも先ほどの話と同じで，自分の生(ナマ)の体験に触れるというところをカットしてきている方がそういう反応になるのではないでしょうか。そうなると，最初からアセスメントシートは作れません。むしろ，感情を爆発してくれる人のほうがやりやすいのです。セッションの中でも否定的な感情を出してくれる人のほうが，すぐにその体験をモニタ

リングしたりアセスメントしたりすることができます。

それをカットしてしまってすごくいい子ちゃんみたいな感じで，どこかから借りてきたような思考を述べる人の場合だと，いったんそこを離れたほうがいいかもしれません。そういう人にいきなりアセスメントをやらせると怖いからよけいカットしてしまいます。いったん潔くあきらめて，マインドフルネスの練習などから始めて，徐々に近づいていけるようにするという，もうワンクッションが必要なんだと思います。そういうケースは結構多いです。

こういうケースでは，今言ったようなことを伝えて，まず自分の体験に触れる練習をします。マインドフルネスに関しては，皆さん話も聞いてくれるし，レーズンなど無害な体験なら嫌だ嫌だと言いながらもやってくれます。その嫌だ嫌だが自動思考になる。毒にも薬にもならないちょっとした刺激に対する反応をつかまえるというところから始めのがよいと思います。

参加者：気分・感情を何％というようにスケーリングができない人がいます。「焦りはあるんだけど，数値では言えません」みたいなことを言われたときに，できる工夫はありますか？

伊藤：それは練習ですね。最初は感情の名前を出せただけでいい。だんだんきめ細かくモニターできるようになるとさらにいいですよということで，日常生活の中で「焦り」を感じたときに今何％みたいなことをワークとしてやってもらう。ないしは今まで人生の中で体験した「焦り」をいっぱい出してもらって，それを付箋で貼っていってレイティングしていく。そんな感じですかね。

❖ **グループワークーここまでの感想と疑問**

それでは，ここまでの感想や疑問をお話しください。

参加者1：非常に丁寧にいろいろなことを聞いていて，聞くということ自体がかなり治療的で変化を促す効果があるのだということを感じました。非常に勉強になります。

参加者2：クライアントは自分でいろいろ考えながら収拾がつかない状態で，カウンセリングに来られます。そういう状況の中でいろいろなツールを使って，整理しながら話を聞いていく。それがアセスメントとしても大事だし，その後の治療にも大事。ただ話を流れに任せて聞いていくのとは違うものがあるということを感じました。

参加者3：アセスメントのデモンストレーションでは，主訴に沿ったエピソードですよねという確認から入って，少しずついろいろな話が出てくる中でも，あくまで主訴に関連することに焦点づけて聞いていました。だからこそ，短い時間でもクライアントは主訴について話した感じがして，整理された体験になっているのだと思いました。

参加者4：アセスメントを続けていく中で，カウンセラーとクライアントがお互いに整理を続けていくことで，整理していくのと同時にクライアント側で気持ちの変化みたいなものが伝わる感じがして，とても面白いアセスメントのデモンストレーションだったなと思いました。

参加者5：デモンストレーションで，シンクの詰まりの話では，あまり気にされていない感じとか，奥さんの反応も細かく聞いていました。それに比べて本人はどのように受け止めているかという対比によって，本人がどう考え嫌な気持ちになっているのか客観的に見られました。

参加者6：先生の対応を見ていて，すごく広く何でも聞いてあげているというイメージを持ったのですが，そうではなくて本当に主訴として必要なことだけを聞いていて，それで相手が聞いてもらえていないという感じを持たせないで拾っていく。そういうやり方というのは経験を積まないとダメなのかと非常に勉強になったと同時に，自分の未熟さを

感じました。

参加者7：自分の体験でもアセスメントをするだけでよくなってしまうというケースが続いていたのですが，これだけ丁寧に一つひとつやっていけば，それから先はやらなくても比較的早い段階で予防的にも介入できる要素がまだたくさんあるのだなということを感じました。

参加者8：すごく細かく丁寧に，こまめに確認する。頭ではわかっているつもりでも，実際にやっていただくと，何を聞かれているのか，具体的になります。私などは自分が曖昧に聞いてしまっていると改めて思いました。すごく勉強になりました。それから，具体的な主訴の同定で，具体例のセラピストの一つひとつのセリフとか，Dさんみたいに聞かれることで否定されるみたいな思いを抱かれる方に，そうではないということを伝えていく。こうやって聞けば，相手に困らせないで聞くことができるのだなという具体例が参考になりました。

参加者9：デモンストレーションを拝見して，ご本人たちが気づいていないことでも，そのときは何を考えていたんだっけと一生懸命考えることで，新たな気づきが得られる。そのことがアセスメントだけで良くなるということなのかなと思いながら拝見していました。勉強になりました。

参加者10：内的な反応に目が向き出すと，次から次へと話が続くのですが，そのときに状況は同じ状況なのか，違う状況なのかというのを整理したり，違う状況とするならばそれは具体的にどういう状況なのかというところを質問する。そのことによって心の整理につながる。状況を曖昧にしないということの大事さを感じました。

伊藤：ありがとうございます。

第4章
アセスメントのまとめを行う

アセスメントの「まとめ」

　主訴を同定し，エピソードのアセスメントを行ったら，アセスメントの「まとめ」を行います。

　まずは，先ほどのデモンストレーションでお見せしたような，主訴に関わるエピソードレベルのアセスメントを十分に行います。どれだけ行ったら十分なのかということですが，通常はエピソードを3つ以上，詳細にアセスメントします。ある程度情報量がほしいのです。

　また，クライアントがアセスメントを通じてCBTのモデルを習得し，セルフモニタリングやセルフアセスメントができるようになるということも必要です。それが可能になったら，アセスメントの「まとめ」に入っていきます。

　エピソードレベルのアセスメントが「ローデータ」だとすると，「まとめ」はそれより一段階抽象度を上げて，汎用性の高い循環図，パターンを作成するということになります。私たちは同じアセスメントツールを使って，「まとめ」ということで1枚作って外在化しています。

　アセスメントシートのまとめ（1）：私（伊藤）の場合
　先ほどアセスメントで紹介したツールを元に，どのようにまとまっていくのかという例を示します（図3-11, 12）。

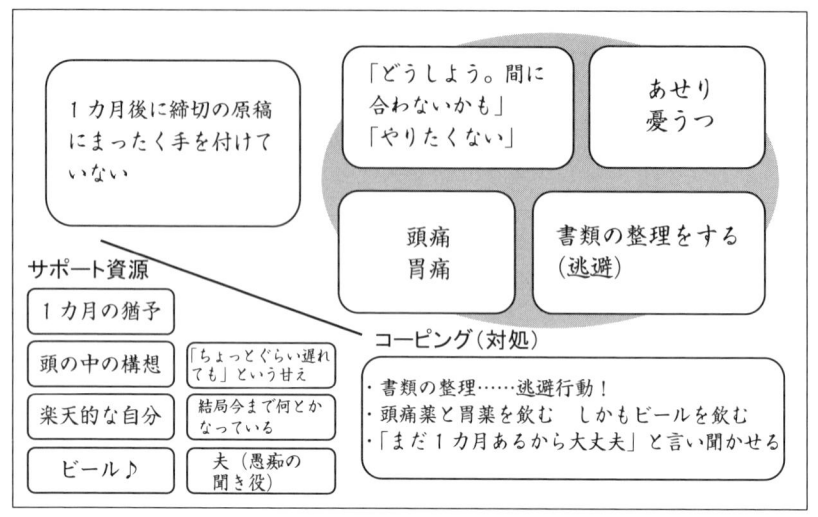

```
┌─────────────────────────────────────────────────────────────┐
│                    ┌──────────────┐  ┌──────────┐           │
│  ┌──────────────┐  │「どうしよう。間に│  │  あせり  │           │
│  │1カ月後に締切の原稿│  │ 合わないかも」│  │  憂うつ  │           │
│  │にまったく手を付けて│  │「やりたくない」│  └──────────┘           │
│  │  いない      │  └──────────────┘                        │
│  └──────┬───────┘  ┌──────────┐  ┌──────────────┐          │
│  サポート資源       │  頭痛    │  │書類の整理をする│          │
│  ┌──────────┐     │  胃痛    │  │  (逃避)      │          │
│  │1カ月の猶予│     └──────────┘  └──────────────┘          │
│  └──────────┘                                              │
│  ┌──────────┐  ┌──────────┐ コーピング(対処)                │
│  │頭の中の構想│  │「ちょっとぐらい遅れ│                       │
│  └──────────┘  │ても」という甘え│・書類の整理……逃避行動！    │
│  ┌──────────┐  └──────────┘・頭痛薬と胃薬を飲む しかもビールを飲む│
│  │楽天的な自分│  ┌──────────┐・「まだ1カ月あるから大丈夫」と言い聞かせる│
│  └──────────┘  │結局今まで何とか│                          │
│  ┌──────────┐  │なっている │                               │
│  │ビール♪   │  └──────────┘                               │
│  └──────────┘  ┌──────────┐                               │
│                │夫(愚痴の │                                │
│                │聞き役)   │                                │
│                └──────────┘                                │
└─────────────────────────────────────────────────────────────┘
```

再掲：図3-11　アセスメントシート記入例（1）：私（伊藤）の場合　その1

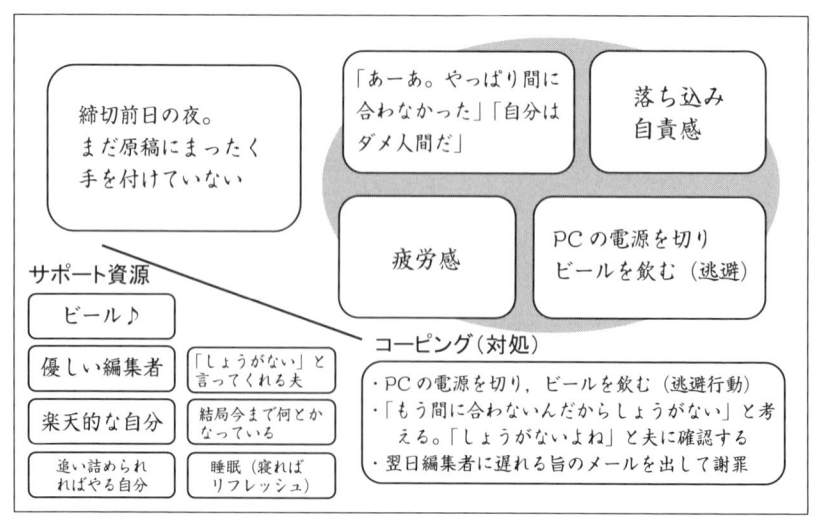

```
┌─────────────────────────────────────────────────────────────┐
│                    ┌──────────────┐  ┌──────────┐           │
│  ┌──────────────┐  │「あーあ。やっぱり間に│ │落ち込み │           │
│  │締切前日の夜。  │  │合わなかった」「自分は│ │自責感   │           │
│  │まだ原稿にまったく│  │ダメ人間だ」  │  └──────────┘           │
│  │手を付けていない│  └──────────────┘                        │
│  └──────┬───────┘  ┌──────────┐  ┌──────────────┐          │
│  サポート資源       │  疲労感  │  │PCの電源を切り│          │
│  ┌──────────┐     │          │  │ビールを飲む(逃避)│        │
│  │ビール♪   │     └──────────┘  └──────────────┘          │
│  └──────────┘                                              │
│  ┌──────────┐  ┌──────────┐ コーピング(対処)                │
│  │優しい編集者│  │「しょうがない」と│                         │
│  └──────────┘  │言ってくれる夫│・PCの電源を切り、ビールを飲む(逃避行動)│
│  ┌──────────┐  └──────────┘・「もう間に合わないんだからしょうがない」と考│
│  │楽天的な自分│  ┌──────────┐ える。「しょうがないよね」と夫に確認する│
│  └──────────┘  │結局今まで何とか│・翌日編集者に遅れる旨のメールを出して謝罪│
│  ┌──────────┐  │なっている │                              │
│  │追い詰められ│  └──────────┘                              │
│  │ればやる自分│  ┌──────────┐                              │
│  └──────────┘  │睡眠(寝れば│                               │
│                │リフレッシュ)│                             │
│                └──────────┘                                │
└─────────────────────────────────────────────────────────────┘
```

再掲：図3-12　アセスメントシート記入例（1）：私（伊藤）の場合　その2

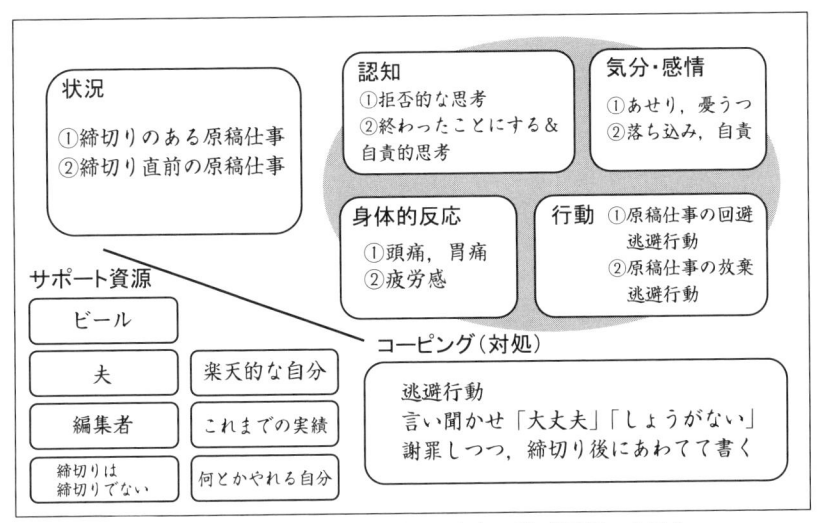

図4-1 アセスメントのまとめ（1）：私（伊藤）の場合

　私の場合は，このような原稿仕事になってしまうわけです。これを何枚も作ります。結局，先延ばしして前日になり，あーあということになってしまう。繰り返されるこのようなエピソードを何枚も何枚も作っていって，図4-1のようにまとめていきます。

　締切りのある原稿に対して，まとめの認知では生々しい自動思考というよりは，どういった類の自動思考が出やすいのかといったことでまとめていきます。まず原稿仕事に対する「拒否的な思考」が出てきます。気分・感情はいつも同じで，「あせり，憂うつ」。身体的反応は「頭痛，胃痛」で，行動としては「原稿仕事の回避，逃避行動」。それで締切り直前になってしまうわけです。締切りのある原稿仕事を先延ばししているうちに直前になってします。そこで「終わったこと」にしてしまい，自分はダメだみたいな「自責的思考」があり，「落ち込み」「自責感」「疲労感」がある。ここで「原稿仕事を放棄」し，「逃避」してしまう。このような感じで，ローデータを少し抽象的にまとめて，CBTの循環で見ていきます。

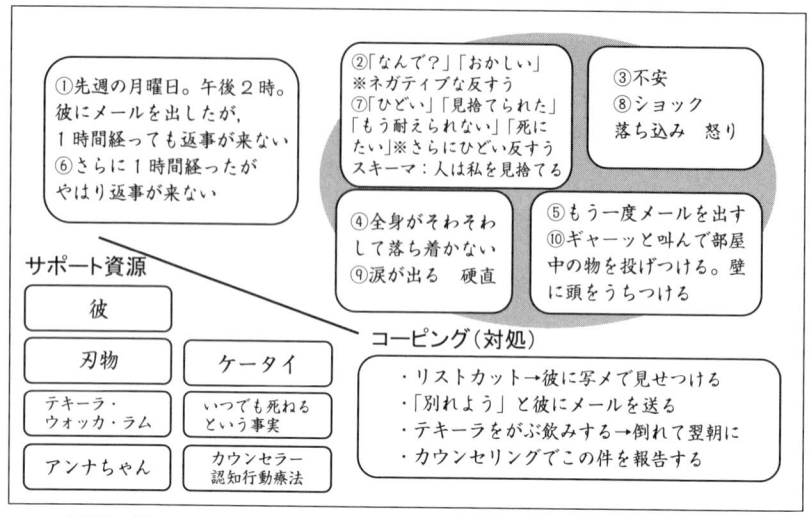

```
┌─────────────────────────────────────────────────────────────┐
│  ┌──────────────┐  ┌──────────────────┐ ┌──────────┐        │
│  │①先週の月曜日。│  │②「なんで？」「おかしい」│ │③不安     │        │
│  │午後2時。     │  │※ネガティブな反すう   │ │⑧ショック │        │
│  │彼にメールを出 │  │⑦「ひどい」「見捨てられた│ │落ち込み怒り│       │
│  │したが，1時間 │  │」「もう耐えられない」「死に│└──────────┘        │
│  │経っても返事が │  │たい」※さらにひどい反すう│                    │
│  │来ない        │  │スキーマ：人は私を見捨てる│                    │
│  │⑥さらに1時間 │  └──────────────────┘                            │
│  │経ったがやはり │  ┌──────────────┐ ┌──────────────┐              │
│  │返事が来ない  │  │④全身がそわそわ │ │⑤もう一度メールを出す│       │
│  └──────────────┘  │して落ち着かない │ │⑩ギャーッと叫んで部屋│       │
│                    │⑨涙が出る 硬直  │ │中の物を投げつける。壁│       │
│  サポート資源      │                │ │に頭をうちつける     │       │
│  ┌──────────┐      └──────────────┘ └──────────────┘              │
│  │   彼     │      コーピング（対処）                              │
│  └──────────┘      ┌──────────────────────────────┐               │
│  ┌──────────┐      │・リストカット→彼に写メで見せつける│              │
│  │  刃物    │      │・「別れよう」と彼にメールを送る   │              │
│  └──────────┘      │・テキーラをがぶ飲みする→倒れて翌朝に│            │
│  ┌──────────┐ ┌──────────┐│・カウンセリングでこの件を報告する│         │
│  │テキーラ・│ │いつでも死ねる││                              │      │
│  │ウォッカ・ラム│ │という事実│└──────────────────────────────┘       │
│  └──────────┘ └──────────┘                                        │
│  ┌──────────┐ ┌──────────┐                                        │
│  │アンナちゃん│ │カウンセラー│                                       │
│  │          │ │認知行動療法│                                       │
│  └──────────┘ └──────────┘                                        │
└─────────────────────────────────────────────────────────────┘
```

再掲：図3-13　アセスメントシート記入例（2）：サヤカさんの場合

アセスメントシートのまとめ（2）：サヤカさんの場合

「見捨てられ不安」を持っている図3-13のサヤカさんも，こういう体験は1回きりではなく，多々あるわけです。そういうローデータレベルのシートをたくさん作ったところで，まとめてみましょうということで，図4-2のようになりました。

サヤカさんのケースの場合は，「人は必ず私を見捨てる」というスキーマがもともとあります。対人関係のちょっとしたきっかけに対して，すぐそのスキーマが自動思考として出てきてしまうわけです。そうすると，「極端にネガティブな感情」が出てきて，身体は「落ち着かなくなる」。サヤカさんの特徴は，1回は「相手に働きかける」のです。そこで「見捨てられ」を確定させないで，もう1回頑張って関わります。でも，自分の望む反応が返ってこないと，ここで「死にたい」という破局的認知が出てきてしまいます。さらに感情が悪化し，「涙」が出てくる。大体ここで取る行動は，壁に頭を打ちつけるなどの自己破壊的な行為」です。それから，「相手との関係を切ろうとする」行動に出て

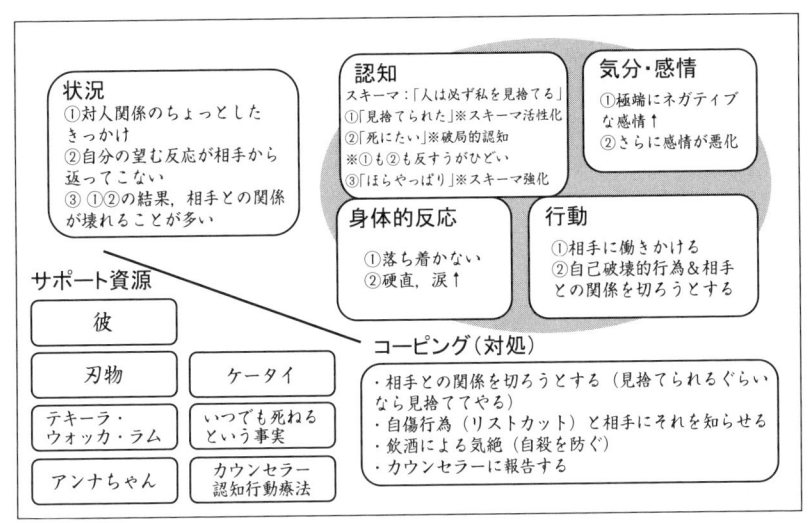

図 4-2　アセスメントのまとめ (2)：サヤカさんの場合

状況
① 対人関係のちょっとしたきっかけ
② 自分の望む反応が相手から返ってこない
③ ①②の結果，相手との関係が壊れることが多い

認知
スキーマ：「人は必ず私を見捨てる」
①「見捨てられた」※スキーマ活性化
②「死にたい」※破局的認知
※①も②も反すうがひどい
③「ほらやっぱり」※スキーマ強化

気分・感情
① 極端にネガティブな感情↑
② さらに感情が悪化

身体的反応
① 落ち着かない
② 硬直，涙↑

行動
① 相手に働きかける
② 自己破壊的行為＆相手との関係を切ろうとする

サポート資源
- 彼
- 刃物
- ケータイ
- テキーラ・ウォッカ・ラム
- いつでも死ねるという事実
- アンナちゃん
- カウンセラー 認知行動療法

コーピング（対処）
・相手との関係を切ろうとする（見捨てられるぐらいなら見捨ててやる）
・自傷行為（リストカット）と相手にそれを知らせる
・飲酒による気絶（自殺を防ぐ）
・カウンセラーに報告する

しまいます。

　結局，こういうことをすることによって，本当に相手との関係が壊れてしまいます。ですから，相手が自分を見捨てるというよりは，このような反応をしてこのような行動を取っていることで，結果的に関係が壊れてしまう。しかしこの方の場合「見捨てられる」というスキーマがすごく強いので，「ほらやっぱり人は私を見捨てるんだ」という感じで，スキーマが強化されてしまいます。

　このような感じでまとめていきます。

アセスメントシートのまとめ (3)：タケオさんの場合
　次が，プレゼン恐怖のタケオさんの例です（図 3-14 〜 16）。
　タケオさんは，プレゼンをはじめ，人前で何かしなくてはいけないときには大抵このようになりますので，それらに関するエピソードをいくつか出してみて，まとめてみようということになります。
　それが図 4-3 です。

※図（アセスメントシート記入例）

1枚目:

- ①7月2日（月）13時。会議でプレゼンをする直前
- ⑥皆が自分のプレゼンを聴いている

- ③「やばい！」※身体感覚への自己注目
- ⑦「やばい！手の震えがバレた！馬鹿にされるに違いない！」※他者視線の自己注目が加わる

- ④不安緊張 40％
- ⑧不安緊張 90％

- ②手が震える
- ④さらに震える
- ⑧声も震え出す

- ⑤マイクを両手で握りしめつつプレゼン開始
- ⑨皆を見ないようにして必死にプレゼンを続ける

サポート資源
- デパス
- 直前のリハーサル

コーピング（対処）
- プレゼンの前に10回以上リハーサル
- プレゼンの前に抗不安薬を服用
- 震えを止めるため、マイクを両手で握りしめる
- 皆を見ない

再掲：図3-14 アセスメントシート記入例（3）：タケオさんの場合

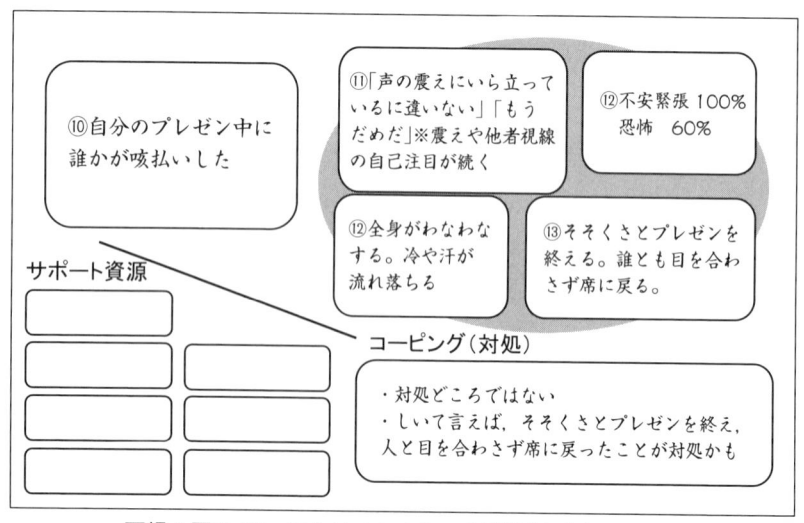

2枚目:

- ⑩自分のプレゼン中に誰かが咳払いした

- ⑪「声の震えにいら立っているに違いない」「もうだめだ」※震えや他者視線の自己注目が続く

- ⑫不安緊張 100％ 恐怖 60％

- ⑫全身がわなわなする。冷や汗が流れ落ちる

- ⑬そそくさとプレゼンを終える。誰とも目を合わさず席に戻る。

サポート資源

コーピング（対処）
- 対処どころではない
- しいて言えば、そそくさとプレゼンを終え、人と目を合わさず席に戻ったことが対処かも

再掲：図3-15 アセスメントシート記入例（3）：2枚目

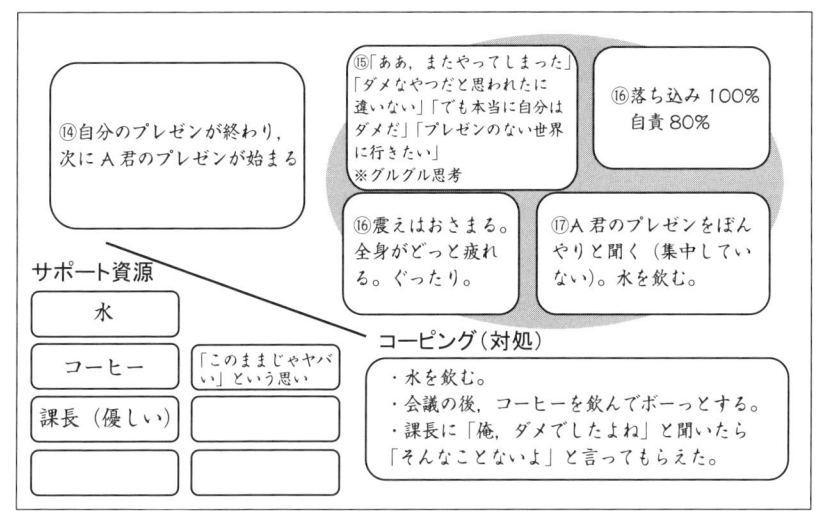

第4章 アセスメントのまとめを行う　125

⑭自分のプレゼンが終わり，次にA君のプレゼンが始まる

⑮「ああ，またやってしまった」「ダメなやつだと思われたに違いない」「でも本当に自分はダメだ」「プレゼンのない世界に行きたい」
※グルグル思考

⑯落ち込み100%
自責80%

⑯震えはおさまる。全身がどっと疲れる。ぐったり。

⑰A君のプレゼンをぼんやりと聞く（集中していない）。水を飲む。

サポート資源
- 水
- コーヒー
- 課長（優しい）
- 「このままじゃヤバい」という思い

コーピング（対処）
・水を飲む。
・会議の後，コーヒーを飲んでボーっとする。
・課長に「俺，ダメでしたよね」と聞いたら「そんなことないよ」と言ってもらえた。

再掲：図3-16　アセスメントシート記入例（3）：3枚目

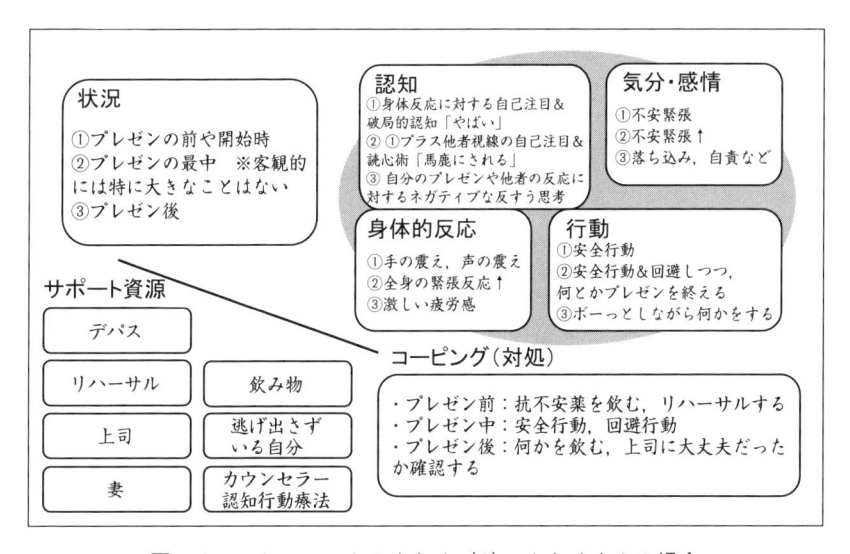

状況
①プレゼンの前や開始時
②プレゼンの最中　※客観的には特に大きなことはない
③プレゼン後

認知
①身体反応に対する自己注目＆破局的認知「やばい」
②①プラス他者視線の自己注目＆読心術「馬鹿にされる」
③自分のプレゼンや他者の反応に対するネガティブな反すう思考

気分・感情
①不安緊張
②不安緊張↑
③落ち込み，自責など

身体的反応
①手の震え，声の震え
②全身の緊張反応↑
③激しい疲労感

行動
①安全行動
②安全行動＆回避しつつ，何とかプレゼンを終える
③ボーっとしながら何かをする

サポート資源
- デパス
- リハーサル
- 上司
- 妻
- 飲み物
- 逃げ出さずいる自分
- カウンセラー認知行動療法

コーピング（対処）
・プレゼン前：抗不安薬を飲む，リハーサルする
・プレゼン中：安全行動，回避行動
・プレゼン後：何かを飲む，上司に大丈夫だったか確認する

図4-3　アセスメントのまとめ（3）：タケオさんの場合

プレゼンの前やプレゼンの最中，プレゼンの後を見ていき，まとめます。プレゼンの前や開始時に，「手の震え」「声の震え」などの身体反応が若干出てきます。それに対して，ものすごく注目してしまうわけです。そこにばかり注意が向いて，「やばい」という結論を出してしまいます。それで「不安緊張」が出てくる。そうするといろいろな「安全行動」を取ります。抗不安薬を飲むとか，マイクを両手で握りしめるとか，人を見ないといったことです。

　実際にプレゼンの最中は，自分の外側の客観的なこととしては何もありません。みんなプレゼンを聞いています。しかし，自分の中でそれを読心術で，「みんなが自分を馬鹿にしている」とか「みんなが自分の震えを見ている」と考える。そうなると，実際に震えもひどくなるし，他の緊張反応も身体に出てくる。気分的にも緊張感が上がります。

　ただ，タケオさんはプレゼンは何とか終えるのです。安全行動を使い，小さく回避をしながら，プレゼン自体は何とか終える。しかし，それで終わりにはなりません。「ああ，またやってしまった」「ダメなやつだと思われたに違いない」というプレゼンに対するネガティブな反すうが続きます。それで，今度は「落ち込み」や「自責」ですごく疲れてしまう。こんな感じで，少し抽象度を上げてまとめます。

　十分にエピソードレベルでアセスメントをしたうえで，まとめを作ると，クライアントはすごく納得します。「本当に自分はいつもこんな状態になってしまう」「なるほど自分がドツボにはまるときはこういうことが起きているんだな」という感じで腑に落ちます。

　図 3-1 のプロセスシートに書かれた CBT の全体の流れでいくと，2番目の「全体像のアセスメント」に相当エネルギーを注ぎます。プロセスシートの一つひとつの項目が同じように並んでいるので，「アセスメント」という項目も数ある中のひとつのように見えてしまいます。しかし，実際にはアセスメントの段階で相当いろいろなことを行い，まとめ

までして，初めて次の 3 番目の項目である「問題の同定」に入れるのです。

第5章

主訴に関する問題を同定する

主訴に関わる問題を同定する

　アセスメントをした結果，何を「主訴に関わる問題」として見なすのかというのが，「問題の同定」です。

　ここでツールが変わります。「問題の同定と目標の設定」（巻末付録8）のツールをここから使い始めます（図 5-1）。

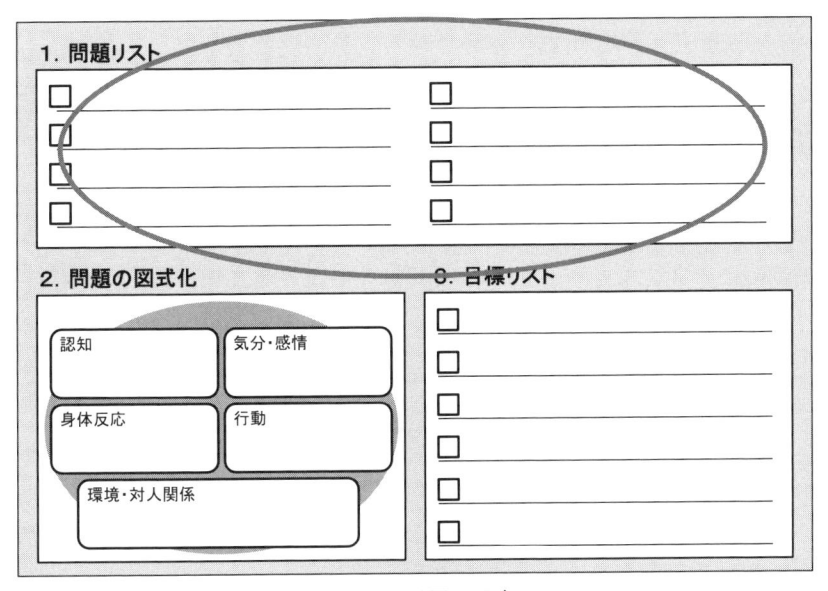

図 5-1　問題の同定

まずは問題を同定していきます。
　「アセスメントのまとめ」に基づき，ここで初めて認知と行動に注目をします。「悪循環を維持している認知と行動のポイントはどこか」「悪循環を解消するための突破口となりそうな認知と行動のポイントはどこか」という視点から，問題（ポイント，突破口）を同定し，言葉にしていきます。
　「問題」とは「原因」「犯人」という意味ではなく，「そこだったら何か工夫して悪循環を突破できそう」という突破口，「希望のポイント」のことです。どうにかなりそうなところを「問題」と見なせば何とかなりますが，どうにもできないことを「問題」と見なしても意味はありません。認知と行動はコーピングが可能なので，ここから認知行動療法という名前の示すように，悪循環を解消するためのポイントとなる「認知」と「行動」を見つけていこうという作業に入ります。
　以上のことをクライアントにも心理教育します。クライアントにコミットしてもらう必要がありますから，こちらから「こうだよね」「ああだよね」というよりは，クライアント自身に言葉を出してもらいます。クライアントとの対話を重ねながら，クライアント自身の言葉を使って問題リストを作成していきます。
　ただし，病理モデルが相当固まっている主訴の場合，CBTで言うとパニック障害や社交不安障害，強迫性障害，PTSDなど，典型的な症状の病理モデルにマッチしている人に対しては，セラピストがある程度リードして引っ張っていく必要があります。たとえば，パニック障害なら「"身体感覚に対する破局的な認知"がまずいと言われているんですよ」とか，「"回避"や"安全行動"をすることでこうなっているんです」という感じです。

表5-1 問題リストの例（1）：私（伊藤）の場合

1. 締切りのある原稿仕事に直面すると、それに対する拒否的思考が自動的に出てくることで、嫌な気分になり、身体にもネガティブな反応が生じてしまう。
2. 上記1の結果、原稿仕事を回避し、他の逃避行動に走り、結果的に原稿仕事が全然進まない。
3. その結果、締切り直前まで原稿仕事が全く進まない。
4. "締切り直前＝締切りは過ぎていない"にもかかわらず、終わったことにする思考が自動的に生じ、自分を責め、ひどく落ち込んでしまう。
5. 締切り直前に「終わったこと」にしてしまうため、原稿仕事を完全に放棄し、適切な対処行動を取ることができない。

問題リストの例（1）：私（伊藤）の場合

　アセスメントのまとめをどう問題リストに持っていくか。「図4-1　アセスメントのまとめ（1）」の私の例の場合，「認知」と「行動」に焦点を当てるとしたら，締切りのある原稿仕事に対する拒否的な思考や，締切り直前に終わったことにしてしまう思考，自責的な思考。それから，行動の回避や逃避行動を問題と見なすかどうかというところを検討しながら，次のようなリストができます（表5-1）。

　こういう「認知」があるから，こうなってしまう。こういう「行動」を取ると，このようにますます困ったことになってしまうというように，自分の中にあるものを外在化して，この自動思考は困ってしまうという感じで出していくといいかと思います。

問題リストの例（2）：サヤカさんの場合

　「見捨てられスキーマ」を持っているサヤカさんの問題リストを作るとこんな感じです（表5-2）。

　これは，スキーマ療法ではなくCBTなので，スキーマそのものを問

表 5-2　問題リストの例 (2)：サヤカさんの場合

1. 「見捨てられスキーマ」が根底にあり，様々な対人関係の場面で，容易に活性化されてしまう。
2. 「見捨てられスキーマ」が活性化されると，極端にネガティブな感情が生じ，それに耐えられず，やみくもに相手に働きかけるような行動を取ってしまう。
3. それに対して相手から思うような反応が返ってこないと，「死にたい」などの破局的思考が生じ，さらに感情が悪化し，自己破壊的行動や相手との関係を切ろうとする行動を取ってしまう。
4. 上記 1～3 の間，ネガティブな自動思考がぐるぐる反すうし，それに巻き込まれ，抜けられなくなってしまう。
5. 上記 1～3 の結果，相手との関係が壊れることが多く，結果的に「見捨てられスキーマ」が強化されてしまう。

題と見なすというよりは，それが活性化されてしまう。それが困るという見方をします。

問題リストの例 (3) タケオさんの場合

　プレゼン恐怖のタケオさんの場合は，診断的には社交不安と見なしてもいいと思います。アセスメントのまとめでは，「安全行動」や「回避」などの言葉をこちらから出して，自分の行動を理解してもらうようにしています。「反すう」や「自己注目」なども，セラピスト側から入れた言葉です。

　作られた問題リストは表 5-3 のようになります。

　このような感じで問題リストを作っていきます。ここまで丁寧に辿っていくと，大体クライアントは腑に落ちます。「あ，これが自分で何とかしたい問題なんだ」「何とかこれを解決したい」というように気持ちが高まっていきます。ただし，今見ていただいたように，言葉が連なって重たいというか，わかりづらいというか，視覚的にパッと見づらいところがあります。それをもう一度「問題の同定と目標設定」（巻末付

表 5-3　問題リストの例 (3)：タケオさんの場合

1. プレゼン前や開始時のちょっとした身体的緊張反応に気づくと，それに自己注目し，破局的に解釈してしまう。その結果，不安緊張感がかえって高まり悪循環に陥る。
2. プレゼンの最中も上記1の悪循環が続く。
3. さらにプレゼンの最中に，他者視線の自己注目が起こり，それを「ネガティブな読心術」で解釈してしまう。その結果，さらに不安緊張感が高まり，悪循環がひどくなる。
4. 上記1～3の間，様々な安全行動や回避行動を取り，それは一時しのぎにはなるが，かえってプレゼンへの苦手感を維持することになってしまう。
5. 何とかプレゼンを終えているにもかかわらず，プレゼンの後，ネガティブな思考を反すうし，嫌な気分が延々と続いてしまう。気持ちの切り替えができない。

録8) ツールの左下のところで，問題リストのキーワードだけを記入して，シンプルな形で問題の全体像を視覚的に理解するということも行っています (図 5-2)。

問題リストのキーワードの視覚的理解

アセスメントシートでは，「認知」と「行動」だけに焦点を絞っているわけではなく，全部を見ています。問題リストの段階では「認知」と「行動」に焦点が絞られています。図式化では「認知」と「行動」に焦点が絞られた図が描かれることになります。それが次の例です。
「見捨てられスキーマ」を持っているサヤカさんの場合なら，こんな書き方をします (図 5-3)。
全体の循環はこのようになります。どこを問題に見なすかというと，そもそも「見捨てられスキーマ」があるということ。そして，その活性化，ネガティブな反すう。スキーマの強化。行動としては，自己破壊的行動。そして相手との関係を壊すような動き方。このあたりを何とかで

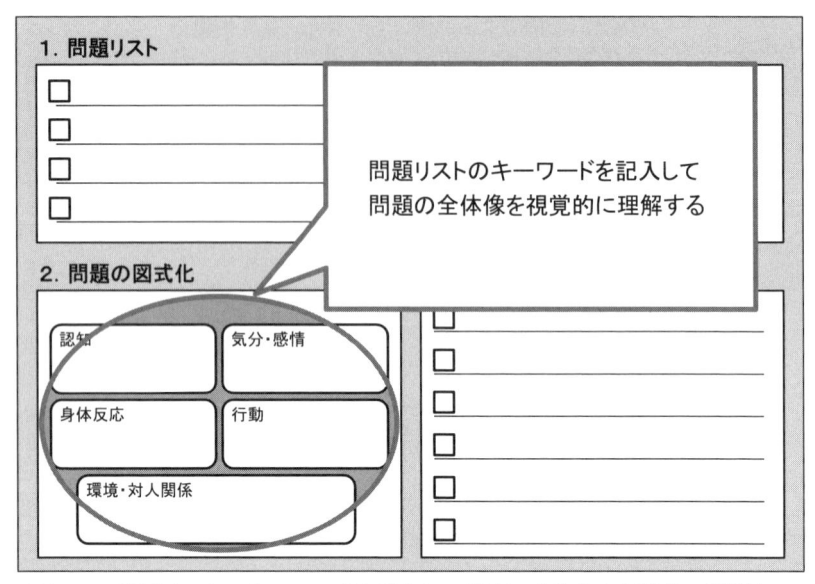

図 5-2　問題リストのキーワードを記入して問題の全体像を視覚的に理解する

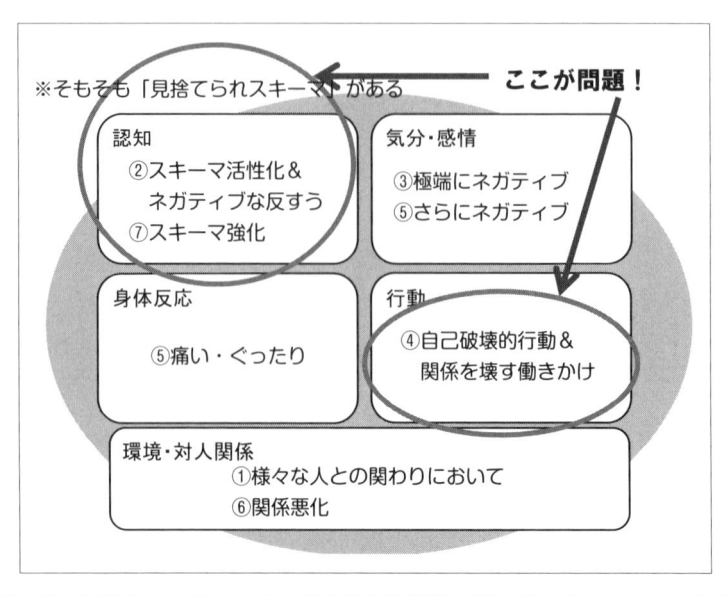

図 5-3　問題リストのキーワードの視覚的理解の例（2）：サヤカさんの場合

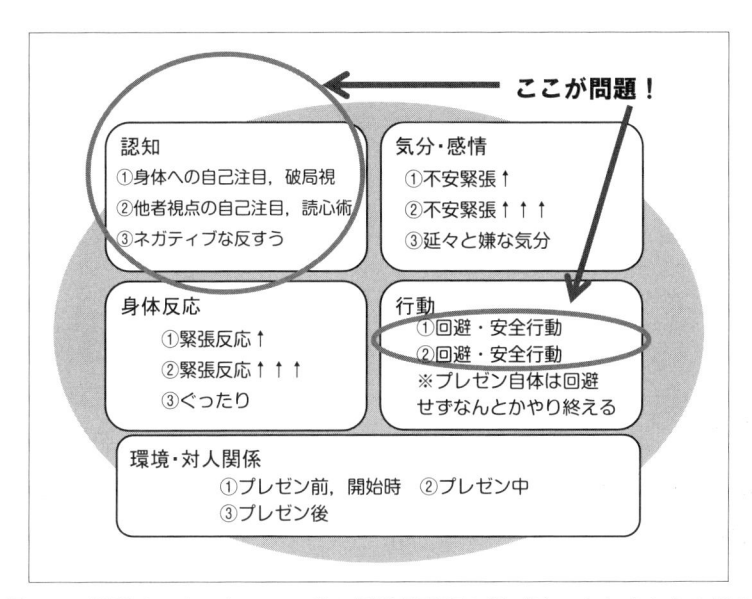

```
┌─────────────────────────────────────────────┐
│   ╱⌒⌒⌒⌒⌒⌒⌒⌒⌒⌒⌒⌒⌒⌒⌒⌒⌒⌒⌒⌒╲                    │
│  ╱ ┌─────────────┐ ┌─────────────┐ ╲ ここが問題！│
│ │  │ 認知        │ │ 気分・感情  │  │            │
│ │  │ ①身体への自己注目, 破局視 │ ①不安緊張↑  │  │          │
│ │  │ ②他者視点の自己注目, 読心術│ ②不安緊張↑↑↑│ │         │
│ │  │ ③ネガティブな反すう      │ ③延々と嫌な気分│ │         │
│ │  └─────────────┘ └─────────────┘  │           │
│ │  ┌─────────────┐ ┌─────────────┐  │           │
│ │  │ 身体        │ │ 行動        │  │           │
│ │  │ 反応        │ │ ①回避・安全行動│ │         │
│ │  │ ①緊張反応↑  │ │ ②回避・安全行動│ │         │
│ │  │ ②緊張反応↑↑↑│ │ ※プレゼン自体は回避│ │      │
│ │  │ ③ぐったり    │ │ せずなんとかやり終える│ │  │
│ │  └─────────────┘ └─────────────┘  │          │
│ │  ┌───────────────────────────────┐│           │
│ │  │ 環境・対人関係                ││           │
│ │  │ ①プレゼン前, 開始時 ②プレゼン中││         │
│ │  │ ③プレゼン後                   ││           │
│ │  └───────────────────────────────┘│           │
│  ╲                                  ╱           │
│   ╲⌒⌒⌒⌒⌒⌒⌒⌒⌒⌒⌒⌒⌒⌒⌒⌒⌒⌒⌒⌒╱            │
└─────────────────────────────────────────────┘
```

図 5-4　問題リストのキーワードの視覚的理解の例 (3)：タケオさんの場合

きるといいねという感じでシンプルに見ていきます。

　社交不安のタケオさんの場合，クライアント本人は不安緊張感や身体の緊張反応を問題とします（図 5-4）。しかし，ここまで来るとそれを問題と見なすのではなく，それに対する「自己注目」や「破局観」「他者視点の自己注目」。人は自分をどう見ているか読んでしまう「読心術」。プレゼンを終わった後の「ネガティブな反すう」。そのことで結局コーピングだと思ってやっていた「回避・安全行動」が，実は問題だったんだということを確認します。

第6章

各問題に対する目標を設定する

同定された問題に対して現実的な目標を設定する

　主訴に関わる問題が同定されたら，問題リストやキーワードの図式などを元に，目標を設定していきます。それがプロセスシート（図3-1）でいくと，4番目の「カウンセリングにおける目標の設定」になります。

　同定された問題に対して，現実的な目標を設定します。目標設定では，同定された「認知の問題」と「行動の問題」に対する「認知的目標」と「行動的目標」を具体的に設定していきます。

　ここで重要なことは「……をしない」という否定的な表現はイメージがしづらいので，必ず「……をする」「……ができるようになる」という肯定的な表現を使うようにするということです。

　クライアントは「考えなければいい」といった言い方をよくします。では，考えないというのは何をするということなのか。「回避をしなければいい」と言われたら「回避をしないというのは何をするということなの？」ということで，何をするのか，何ができるのかという言語表現をしていきます。

　ここまでくると，クライアントはかなり現実的になっているので大丈夫だと思いますが，理想のような非現実的な目標ではなく，CBTの諸技法を通じて達成可能な現実的な目標を設定するようにします。以上についてクライアントに心理教育を行います。

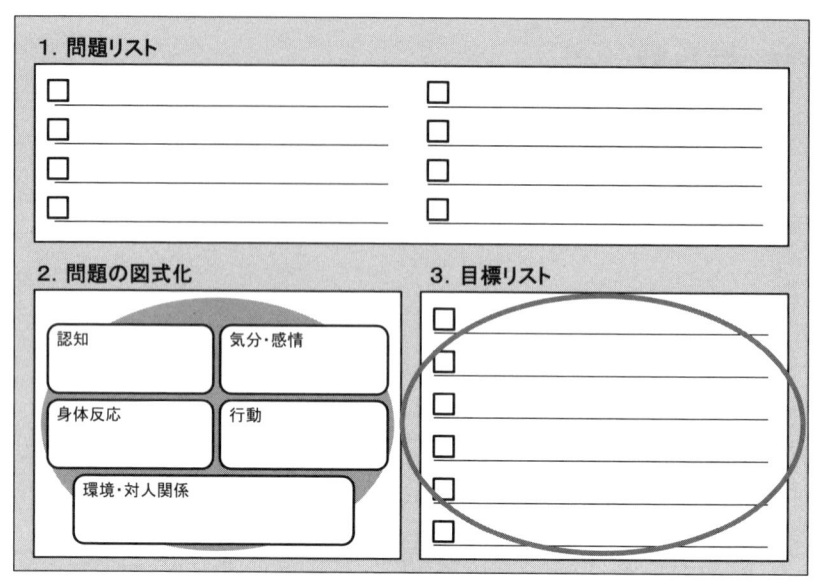

図 6-1　目標リスト

　ここでは，あくまでも「その問題に対してクライアント自身がどうなりたいか」ということを中心に，目標を設定していきます。クライアントにコミットとしてもらいながら，クライアント自身の言葉を極力使いながらリスト化していきます。

　先ほどお伝えしたように，病理モデルがある程度固まっている主訴の場合（例：パニック障害）は，目標に関してもセラピストがある程度リードしたほうがいいと思います。エビデンスが明確な場合は，それに沿って進めていくのは当然です。

　このように，目標を「問題の同定と目標の設定」のツールの右下に，言語化してまとめていきます（図 6-1）。

表6-1 目標リストの例（1）：私（伊藤）の場合

1. 原稿仕事を引き受けたらすぐに，書き上げるまでの計画を立て，外在化する。
2. その計画通りに原稿執筆の仕事を進める。
3. その際に生じる否定的な自動思考に早めに気づき，その思考を手放すか，計画通りに原稿を書く方向で思考を再構成するかできるようになる。
4. 目標1〜3が達成されれば「締切り直前」という羽目には陥らないはずだが，万が一何らかの事情でそういうことになった場合は，原稿を放棄せず，その場で最適な対処行動を取れるようになる。

目標リストの例（1）：私（伊藤）の場合

　たとえば，私の原稿仕事に対する問題リストを，どのように目標して表現していくかというと，次のような感じになります（表6-1）。

　原稿仕事を引き受けたら，本当はすぐに書き上げたいのです。「仕事が来た→書く→出す」という感じで，スッキリしたい。しかし，それは無理です。そんなことができるのなら，こんな問題は発生していません。ですから，少なくても書き上げるまでの計画ぐらいは立てて，どこかに書き出したり入力したりすることにします。

　私としては，引き受けた原稿は締切りを守って書きたいのです。そういう自分になりたいというのがあります。たまに締切りを守らなくても平気な人がいてびっくりしますが，そういうふうになりたいかというと，そうではありません。やはり，自分は引き受けたものは期限内に書きたいという気持ちがあります。

　もちろん，私は認知行動療法家で，セルフでCBTをやっていますので，今はこういうことにはなっていません。CBTを使って，締切り前には書けるようになっています。あるいはできない原稿は引き受けるのを断れるようになっています。

表 6-2　目標リストの例（2）：サヤカさんの場合

1. 「見捨てられスキーマ」が活性化されたら早めに気づき，スキーマやそれに伴う感情に巻き込まれず，その場その場で手放せるようになる。
2. 「見捨てられスキーマ」が活性化されたことによって生じる自動思考やその反すうに早めに気づき，思考の中身を方向転換できるようになる。
3. 「見捨てられスキーマ」が活性化されたときに，衝動的に相手と関わるのではなく，「本当はどうするとよいか」ということを立ち止まって考え，その考えに沿って行動できるようになる。
4. 「見捨てられスキーマ」が活性化されたときに，自己破壊的行動ではなく，自分をケアする行動を取れるようになる。
5. 「見捨てられスキーマ」の成り立ちを理解し，スキーマを修正する。別の対人関係スキーマを手に入れる。

目標リストの例（2）：サヤカさんの場合

　「見捨てられスキーマ」のあるサヤカさんの場合は，次のように目標がリスト化されました（表6-2）。

　重要なことは，この段階でサヤカさんが自分の「見捨てられる」という思いが，スキーマによるものだということを十分理解しているということです。アセスメントの段階で，「人が自分を見捨てる」という世界は，自分の外側にあるのではなく，人に対しての思いを自分のほうから相手に向けてしまう。それはスキーマなのだと気づいているということです。スキーマが活性化されたら，まず早めに気づく。そして，そのスキーマやそれに伴う感情に巻き込まれず，その場で手放せるようになる。活性化されないということを目標にはしません。実際にスキーマはあるわけですから。むしろ出てきたときにどうなるといいかということです。

　それから，当然「見捨てられスキーマ」が活性化されると，その人を打ちのめす自動思考が出てきます。ですから，やはり早めに気づき，その思考の中身を方向転換して，もう少し自分に優しい思考にしていくこ

表 6-3　目標リストの例 (3)：タケオさんの場合

> **大目標**
> プレゼン時の不安緊張を「ウェルカム！」の構えで受け入れ，不安緊張を感じながらも，回避行動や安全行動をせず，プレゼンで伝えたいことを全て伝えられるようになる。
>
> **中目標**
> 1. プレゼン時の過度な自己注目を適度に分散できるようになる。
> 2. 不安緊張をある程度自分で緩和するためのスキルを身につける。
> 3. プレゼン後のネガティブな反すうを，早めに切り替えられるようになる。

とができるといいよねということです。

　4番までは，基本的に「見捨てられスキーマ」そのものに対する目標ではなく，活性化されたときにどうなるといいのかということです。スキーマそのものに介入していくのは大きなことになってしまいますので，「見捨てられスキーマ」そのものに対する目標は最後の5番になります。これは4番までの目標が達成されてから検討するとよいぐらいの目標です。

目標リストの例 (3)：タケオさんの場合

　プレゼン恐怖のタケオさんの目標リストです (表 6-3)。
　基本的に不安障害で回避安全行動をしている人に対しては，エクスポージャー (曝露療法) が一番です。それを見据えた大目標を設定し，そこに中目標をぶら下げます。
　ここでは，タケオさんがプレゼンのない仕事に転職するという選択肢もあり得ます。「プレゼンはとても嫌だから自分の人生の中にプレゼンはいらない。会社を辞めてプレゼンのない世界に行きます」というのも

あります．しかし，タケオさんは今いる職場の中でやはりもう少し納得がいくプレゼンができる自分になりたいということなので，このような目標になるわけです．

　パニック障害の方が，「私は一生電車に乗らない人生を選びます．地方に行ってクルマを運転して一生過ごすんです．私はそれで幸せなんです」と言うのであれば，それはそれでいいのです．しかし，たとえば都会に住んでいて，毎回タクシーに乗るほどの余裕もない．やはり，電車に乗れる自分になりたいということであれば，やはりエクスポージャーを中心とした目標に自ずとなっていきます．

第 7 章
目標を達成するための技法を選択する

目標を達成するための技法を選択する

　面白いことに，CBTのワークショップの流れは，CBTのセラピーの流れとまったく一緒です。アセスメントさえできてしまえば，あとは割合さくさくと進みます。ここではプロセスシート（図3-1）で言うと，5番目の「具体的な手段・技法の選択」に入ります。

　目標が設定されました。目標が設定されれば，その目標を達成するために使えそうな技法は何か，どういうワークをすればいいのか，といった視点で具体的な技法の選択に入ります。

　ここでは，セラピストが，この目標を達成するためにはこういう技法がある，こういうことができるというメニューを出せる状態になっておかないといけません。技法に関しては，CBTは寛容です。説明ができ，しかも安全に提供できるなら，CBT以外の技法を使ってもかまいません。皆さんの中でCBT以外にいろいろなスキルを持っている方は，それをここに入れてもいいのではないかと思います。

　設定された各目標を達成するために役に立つであろう技法を，セラピストから提案します。もちろん，クライアントから提案があれば，それに乗ってもかまいません。1つの目標に対し，複数の技法が提案される場合もあります。繰り返しになりますが，病理モデルがある程度固まっている主訴の場合（例：パニック障害），セラピストがある程度リード

する必要があります。

　提案された技法を一緒に眺めつつ，クライアントの意向を極力尊重しながら，技法を選択します。重要なことはクライアントの意向です。こちら側からできることは，指示ではなく，あくまでも提案です。「こういったやり方があるよ」「こういったことをやるとこんなふうになるんだよ，ちょっと大変だけどね」みたいな感じで提案します。それをクライアントと眺めながら，どうするか，どれから手をつけるか，ということを一緒に選択していきます。

　選択された技法が複数ある場合は，一度にはできませんし，一度にやると効果の検証ができません。どれをやって，どういう変化が起きたのか。検証していく必要があるので，一度に始めるのではなくて，どの順番で取り組むのか，計画を立てます。

　複数の技法をやる場合に，技法間の整合性に問題が生じないよう，注意しなければなりません。たとえば，不安緊張に乗っかっちゃえというエクスポージャーと，不安緊張をある程度緩和させるリラクセーション。これを一度にやってしまうとバッティングしてしまうので，それは気をつけないといけないということになります。

技法の選択＆提案の例（1）：私（伊藤）の場合

　たとえば，私の原稿仕事に対して，技法を入れていくとすると，次のようになります（表7-1）。

　1と2は問題解決的な技法になります。その際に出てくる自動思考に対しては，気づいて手放すためのマインドフルネスあるいは認知を再構成するという技法があります。締切り直前になって適切な対処行動を取れるようにしていくためには，問題解決をしていくことになります。

　したがって，メインの技法としては問題解決法，そしてサブの技法として認知再構成法を使うということになります。認知再構成法の中には

表7-1 技法の提案＆選択の例（1）：私（伊藤）の場合

1. 原稿仕事を引き受けたらすぐに，書き上げるまでの計画を立て，外在化する。……**問題解決法**
2. その計画通りに原稿執筆の仕事を進める。……**問題解決法**
3. その際に生じる否定的な自動思考に早めに気づき，その思考を手放すか，計画通りに原稿を書く方向で思考を再構成するかできるようになる。……**マインドフルネス／認知再構成法**
4. 目標1〜3が達成されれば「締切り直前」という羽目には陥らないはずだが，万が一何らかの事情でそういうことになった場合は，原稿を放棄せず，その場で最適な対処行動を取れるようになる。……**問題解決法**

●メインの技法……**問題解決法**
　サブの技法……**認知再構成法**

自動思考に対するマインドフルネスも含まれます。

技法の選択＆提案の例（2）：サヤカさんの場合

「見捨てられスキーマ」を持っているサヤカさんの場合は，次のようになります（表7-2）。

まず，こういったケースで重要なのは，「スキーマが出てきて，私はこんなにもつらくなっているんだ」ということに気づくためのセルフモニタリングや，スキーマに対するマインドフルネスです。「見捨てられた」という思いが出てきたときに，それを真実と見なさずに，そういう自分の思いが出てきてしまったということに気づき，その思いを認めるというマインドフルネスです。

プラス，そこで出てきた自動思考や反すうに気づいて，思考を方向転換するための認知再構成法ということになります。

人との関わりで衝動的になってしまう，自分を破壊するような行動を取るというところは，行動に焦点が当たるので，むしろ問題解決的な技法が必要になります。あるいは，コーピングシート（巻末付録5）を作っていくといいと思います。

表7-2 技法の提案＆選択の例（2）：サヤカさんの場合

1. 「見捨てられスキーマ」が活性化されたら早めに気づき，スキーマやそれに伴う感情に巻き込まれず，その場その場で手放せるようになる。……**セルフモニタリング／マインドフルネス**
2. 「見捨てられスキーマ」が活性化されたことによって生じる自動思考やその反すうに早めに気づき，思考の中身を方向転換できるようになる。……**セルフモニタリング／認知再構成法**
3. 「見捨てられスキーマ」が活性化されたときに，衝動的に相手と関わるのではなく，「本当はどうするとよいか」ということを立ち止まって考え，その考えに沿って行動できるようになる。……**問題解決法**
4. 「見捨てられスキーマ」が活性化されたときに，自己破壊的行動ではなく，自分をケアする行動を取れるようになる。……**問題解決法／コーピングシート**
5. 「見捨てられスキーマ」の成り立ちを理解し，スキーマを修正する。別の対人関係スキーマを手に入れる。……**スキーマレベルの認知再構成法／スキーマ療法**
●**技法の計画**　①セルフモニタリング／マインドフルネスの練習開始　②セルフケアのためのコーピングシートの作成　③認知再構成法＆問題解決法　④スキーマを扱う（スキーマ療法を含め再検討）

　そのうえで，スキーマに焦点を当てるとしたら，自動思考レベルでなく，スキーマレベルの認知再構成法を最終的に必要ならやりましょうかということになります。これはやってみないとわかりません。スキーマレベルでいろいろな技法を使うことで，スキーマがゆるむこともあります。まずはCBTの技法をやってみて，それでも「見捨てられスキーマ」が残っているのではあれば，スキーマレベルの認知再構成法ないしはスキーマ療法が必要になるかもしれません。それはまたそのときに考えようということになります。

技法の選択＆提案の例（3）：タケオさんの場合

　プレゼン恐怖のタケオさんの「技法の提案＆選択」は次のようになります（表7-3）。

表7-3 技法の提案＆選択の例（3）：タケオさんの場合

●**大目標**：プレゼン時の不安緊張を「ウェルカム！」の構えで受け入れ，不安緊張を感じながらも，回避行動や安全行動をせず，プレゼンで伝えたいことを全て伝えられるようになる。……**曝露（エクスポージャー）**
　　　　　　　　　　　　　　　※外的曝露＆内的曝露の両方
●**中目標**
1. プレゼン時の過度な自己注目を適度に分散できるようになる。……**注意分散法（注意トレーニング）**
2. 不安緊張をある程度自分で緩和するためのスキルを身につける。……**リラクセーション法**
3. プレゼン後のネガティブな反すうを，早めに切り替えられるようになる。……**認知再構成法**
●**進め方**……あくまでもエクスポージャーが中心。エクスポージャーに取り組んでみて，必要であればその他の技法を取り入れる。その他の技法が安全行動にならないように注意！

　タケオさんの場合は，エクスポージャーしかありません。ここで大事なことは，プレゼンの場に自分の身を曝すという外的なエクスポージャーだけではなく，内的なエクスポージャーです。自分の怖がっている内的な恐怖や不安，緊張を抑えようとせずに，それを十分感じ切る。その両方をしっかりやっていくことです。

　ジェットコースターに乗るときに，ここがジェットコースターではないと，目を閉じて，一生懸命数を数え，呼吸法をする。それでジェットコースターを乗り切れば，乗り切ったという外的曝露はしています。しかし，内的な不安や緊張を抑え込んでいるので，曝露の効果は全然出てきません。ですから，「ああ，怖い！」「ああ，怖い！」という感じで，盛大に怖がりながら，ジェットコースターに乗る必要があるということです。

　これができればいいのですが，オプションとして少し注意を分散するトレーニングを取り入れます。リラクセーションもこういった場合は，曝露しているときにはやってもらいません。曝露しているときには不安になったほうがいいわけですから，そんなときに呼吸法はやりません。

しかし，全体的に不安になりやすい人は，確かにそのような症状が出やすいので，体質改善のような形で，日常生活の中でリラクセーションを取り入れるのはかまいません。しかし，いざ症状が出てきたら曝露という感じで，矛盾しないようにしていく必要があります。

　ネガティブな反すうを切り替えるためには，認知再構成法を学んでおいても損はないのでやっておきます。ただし，あくまでもエクスポージャーが中心で，他にオプションとして必要であれば，あるいはクライアントが希望すれば入れてもいいかなというレベルです。

第8章

まとめと質疑応答

どこまで来たか？

今日のワークショップでは，プロセスシート（図3-1）のCBTの全体の流れの中で，「1. インテーク面接」から「2. アセスメント」「3. 問題の設定」「4. 目標の設定」「5. 技法の選択」まで一気にご紹介してきました（表8-1）。

ここまで来るとかなり楽になります。あとは，選択した技法を二人で練習し，宿題で取り組んでもらい，クライアントに上達してもらう。そうすると，目標が達成され，問題が解消され，効果の検証もできます。

表8-1　どこまで来たか？

認知行動療法：全体の流れ
1. インテーク面接
2. アセスメント
3. 問題の同定
4. 目標の設定
5. 技法の選択　　←ここまで！
6. 技法の実践
7. 効果の検証
8. 効果の維持と般化
9. 再発予防計画
10. 終結
11. フォローアップ

今日ご紹介した部分がCBTの要です。ここさえしっかりできれば，あとは自動的にうまくいってしまうくらいで，クライアント自身も楽になります。

まとめ

導入の部分と，今日ご紹介してきたケースフォーミュレーションの部分が，CBTの肝です。事情が許せば，時間と回数をかけて，丁寧にここまでたどりつくのが良いと私は考えています。場合によってはこの段階でかなり回復することもあります。

ただし，時間や回数に制約があることも少なくありません。その場合，できることは2つあります。1つは，小さい主訴にしてしまうことです。主訴をピンポイントに絞る。絞ればかなり効率的に進めていけます。そして，導入とケースフォーミュレーションをしっかりと行います。しかし，それが難しかったり，あまりにも制約があったりする場合はどうするか。2つめとして，今日応急処置で紹介したコーピング・ワークシート（巻末付録5）が簡易CBTになりますので，それで簡易CBTを行います。また，ワークブックを使って，どう自主トレをするのかという計画を一緒に立てるということもできます。

ここまでくれば，セルフモニタリングはクライアント自身ができるようになっています。CBTのモデルを使ってアセスメントもできるようになります。そして，自分の体験に対して，十分マインドフルネスになるということもできるようになっています。

セルフモニタリングと，モデルを使ったアセスメントと，マインドフルネスはどのCBTのケースでも絶対にクライアントに身につけてもらいたい技法です。ただし，それ以外の技法は，ここから初めて導入されることになります。

ここで実際にいろいろ技法を導入するわけですから，セラピストはそ

れらもしっかり使えるようになっておく必要があります。特に汎用性の高い技法としては「認知再構成法」「問題解決法」「エクスポージャー（曝露療法）」の3つがあります。これらについては，セラピストは自らしっかり体験し，精通して，クライアントに伝えられるようにしておく必要があります。

❖質疑応答

それではここで，質問をお受けします。

> 参加者：「主訴の同定」で，これで同定できているのか自信が持てないことがあります。何が要件として入っていればそれが主訴として成立するのか，何が書いてあれば主訴と言えるのか。アドバイスはありますか？
>
> 伊藤：主訴を整えるところで，クライアントがそれにピンと来ているか。「まさに私はこれなんです！」と思っているかどうか。あとは，それに基づいてアセスメントができそうか，エピソードが出せそうか。もちろん，あとで本当にこの主訴でいいのか，疑問が出るということもあります。その場合は，それは暫定，仮説だと見なしたうえで，アセスメントを始めてみる。むしろ，アセスメントツールを作ってみたところで，違っていたということもあります。その場合，こういうことではなかったよねということで，主訴を決め直すということも実際にはあります。
>
> 参加者：暫定で決めてそれとつなげながらエピソードの話をアセスメントするけれども，話がつながらなかったり，無理につなぐとおかしいよねという話になると，そこでお互いに主訴をこう置き換えようかという話ができます。仮決めしてそこにつなげてエピソードを出していくから，主訴の見直しもできるという考え方でいいですか？

伊藤：その通りだと思います。
参加者：マインドフルネスの話がかなりあり，それを伝えるという話がありました。私もマインドフルネスをやっているのでわかるのですが，クライアントから「マインドフルネスって何？」と聞かれたときに，どう答えていいかわからない。とにかく体験してみなさいという話しかできないのです。実際に臨床の場面に出てきたときには，どのように答えて，どのようにやるようにという話をするのでしょうか？
伊藤：2つあります。1つはセルフモニタリングを通じてクライアントの体験を一緒に眺めて，「ああ，こういう体験をしているんだよね」と言って，「こうやって自分の体験を眺めることをマインドフルネスって言うんだよ」ということでやる。そうすると，クライアントもしっくりきます。

それから，自分の体験に触れられない人の場合は，ワークとしてマインドフルネスを入れていきます。その場合は，自分の体験を眺めつつ，受け止めるというのがマインドフルネスで，あとは体験して一緒につかみ取ろうという感じで，あまり説明に時間をさかず，レーズンのワークをやったりします。そういう方は大体レーズンのワークを嫌がるのです。「こんなことをやって何になるんだ」と。それを使って，「あ，今，自動思考が出てきたね」といった感じでセッションの中で時間を取ってレーズンのワークをやったり，呼吸のワークをやったり，そこで出てきた体験を使って，伝えていくという感じです。
参加者：「技法の選択」で，目標それぞれに技法が選択されていています。どの順番で取り組むのかは，どのように決めるのでしょうか。上から順番にやっていくということなのでしょうか？
伊藤：基本的にはそうなります。循環に沿って問題を同定して，目標を作っているので，そもそものところから手をつけていくということになる

かと思います。

参加者：問題解決法をやりながら，認知の面でモニターも続けてもらうとか，複数同時にやるということもあっていいのでしょうか？

伊藤：認知再構成法やエクスポージャー，問題解決法は，介入を目的とした大きな技法です。ですから，それらを同時にというのは物理的にできないと思います。また，同時にやってしまうと，技法の効果の検証ができなくなってしまいます。ですから，それはやめたほうがいいと思います。ただし，たとえば，問題解決法をしながら，認知はモニターするとか，その程度なら，物理的にも可能ですし，何か変化したときの検証もしやすいと思うので，そういう同時並行はありだと思います。

参加者：アジェンダを設定するときに，クライアント側からあまりにもかけ離れたアジェンダの提案があった場合，どこまでそれに乗っかり，どこまでこちらの意図に戻すのかというところをおうかがいしたのですが。

伊藤：クライアントも生身の人間で，日々生活しているので，こっちはこっちで思惑がありますが，クライアント自身もいろいろ発生したものを持ってくるということはあります。たとえば，問題の同定に入りたいというときに，今日は全部のアジェンダを潰してこの話を聞いてほしいといった要望があった場合，その要望がイレギュラーだったら受けてしまいます。ただし，宿題はやってきてもらっており，やってきた宿題を確認しないのは最悪なので，宿題だけは確認させてもらう。あるいは，もう少しここをやると次に行けるというときに，全部クライアントの話題に時間を使うのではなく，「5分だけもらえますか」という感じで，交渉して少し時間をもらうこともあります。

ただし，このようなことがずっと続くと，CBT が前に進まないで

よね。CBT をやろうという契約でセラピーを始めており，それが進まないというのはこちらの責任もあるので，やはり相談をします。大体落ち着くのが，半分フリートークであなたに時間をあげる。半分は私が CBT をマネジメントするし，やらせてくれないか，というところです。落としどころはそのあたりにあるかなと感じています。

参加者：「アセスメントのまとめ」を作るところで，いわゆる専門用語が出てきています。あえて専門用語を使ったほうがいいのでしょうか。それともクライアントの言葉，「安全行動」ではなく，「予防」とか，そういう一般用語でもかまわないのでしょうか？

伊藤：不安障害に関しては，その後のエクスポージャーのことなどを考えると，ある程度専門的な言葉で，自分の体験を見てもらいたいということがあります。一応伝えてみて，クライアントがそれを受け止めてくれればそれで使えますが，クライアントが使いたい別の言葉があって，中身が同じだとわかっていれば，そんなにゴリ押しはしません。

❖全体の感想

それでは最後に，皆さんから一言ずつ，今日のワークショップについての感想をお話しください。

参加者1：今日はどうもありがとうございました。細かいところで気づきがたくさんあって，まだ自分の中で整理できていません。相手にマインドフルになってもらおうと思ったら，聞き手であるこちら側がまず受け入れる。そういう聞き方がソフトの面でも改めて大事だということを強く思いました。

参加者2：教科書的なというと語弊がありますが，認知行動療法の流れだけ

でなく，たとえばフリートークを1時間したい場合はどうしたらいいのだろうかとか。アセスメントが埋まらない，気持ちが出てこない，自動思考が出てこない場合はどうしたらいいのだろうか。そのようなことが質疑応答の部分で参考になることが多く，今日は参加してとてもよかったと思っています。

参加者3：すごく実践的で，自分もCBTをやっているのですが，改めてここが抜けているなとか，このへんが足りないなというのが確認できました。いい復習かつ発展的な授業を受けている感じで，とてもためになりました。また，とても細かく確認したり，明確に伝えたり，きっちり構造化して進めていくことが大事なんだなと思いました。自分のウイークポイントで対比して，先生が動かしている流れとどこが違うのだろうということを改めて振り返るいい機会になりました。

参加者4：普段自分がやっているアセスメントがこれでいいのか。どれくらい具体的にやればいいのかというのは，教科書を見てもよくわからないところがあります。こういう解説がもっと広まればいいなと思いました。同時に，一つひとつ自分で実際にやっていくということに尽きると思いました。こういう機会を作っていただき，ありがたい限りです。

参加者5：私は，自分が産業現場でやっているのが認知行動療法だと思っていました。結果的に認知再構成法や問題解決法に似たようなことはやっているのですが，今日参加してみて，その前の段階が非常に重要で，その前の段階がきちんとできていないのに技法の実践がやれていたのはなぜか。これはクライアントが，人間関係がどうだとか，仕事ができなくて困っているというように，構造化してくれていたのです。私の力ではなくできていたんだなというのが非常によくわかりました。自分の力で援助ができるようにもう一度勉強したいなと思いま

した。

参加者6：今日のワークショップはすごく構造化されていて，自分も構造化して理解するということが大事だなと思いました。事例も対比的に説明があって，とてもよく理解できました。

参加者7：セラピストがやっていくことは，クライアントにいろいろな気づきをしてもらう。その手助けをする役割なんだなということに気づかせていただきました。非常にためになりました。

参加者8：私もこのワークショップ自体がしっかり構造化されていて，安心して参加できました。参加者が自己紹介や感想を言うときも，何をすればいいかということをその都度言ってもらっているので，どうすればいいかと不安になることがなく，一日過ごしていました。休憩時間も部屋の時計で何分までという感じで，すべて構造化的なものが散りばめられていた一日だったと思いました。

それから，認知行動療法って，私の認知かもしれませんが，実証的とか，構造化とか，外在化とかのワードがあって，クールなイメージがあったのです。でも，徹底的にクライアントと協働的に問題解決していく。クライアントが自分で自分を助けられるようになるために手助けするセラピーということで，実は温かくて安全なセラピーなんだなとわかりました。すごくよかったです。

参加者9：何回もマインドフルネスということが出てきました。私も少し前にマインドフルネスだけの8週間のプログラムを勉強し，私の中でマインドフルネスブームが起こっていました。今まで自分は認知行動療法とマインドフルネスが，ほぼ同じようなものだと思い込んでいたのです。今日改めてワークショップに参加して，構造化の部分をはじめ，違うところがすごく多いというのに気がつきました。

今度から人に説明するときに，ほぼ同じものだみたいな言い方はやめ

て，どこが違って，どういう人には認知行動療法のほうを勧めたほうがいいのか。どういう人にはマインドフルネスのプログラムを勧めたほうがいいのかということも，きちんと考えながらやっていきたいと思いました。

参加者10：認知行動療法というのがどういうものか。改めて考える機会をいただき，とても感謝しています。それ以上に，認知行動療法家として何が必要か，どういうことができるかという以前に，セラピストとしてどんな態度で，あるいはどういうスキルを持って，クライアントと接することが必要かというものを学ばせてもらいました。本当に一日ありがとうございました。

伊藤：皆さん，今日は一日長時間にわたり，お疲れさまでした。ありがとうございました。

おわりに

　読者の皆さま。ここまでお読みいただき，本当にありがとうございました。CBT は対話が命です。本ワークショップでは，構造化やアセスメントの仕方など，技法的な話もたくさん織り込まれてはいますが，何より重要なのは，CBT という設定の中で，クライアントとセラピストが気持ちよく，かつ生産的な対話をすることだと私は考えています。そのような対話があって初めて，CBT の様々な技法が活きてくるのだと思います。

　それはセラピーだけでなくワークショップでも同じことです。本ワークショップでは，10 名の参加者の方々が積極的に参加し，私と対話をしてくれました。その対話が気持ちよく，かつ生産的であったことで，このワークショップは生きたものになりました。特にデモンストレーションは臨場感溢れる，生き生きとしたものになりました。読んでくれた皆さんが，ワークショップにあたかも参加したかのように，この臨場感を体験してくださったのであれば嬉しい限りです。そして今度はぜひ，実際のワークショップでお目にかかりましょう。

● 巻末付録

巻末付録1　インテーク面接記録シート（p.162～167）
巻末付録2　認知行動療法カウンセリングについて（p.168～170）
巻末付録3　ヒアリングで用いるシート（p.171）
巻末付録4　セルフモニタリングで用いるシート（p.172）
巻末付録5　コーピング・ワークシート（p.173）
巻末付録6　ホームワークシート（p.174）
巻末付録7　アセスメントシート（p.175）
巻末付録8　問題＆目標設定シート（p.176）

インテーク面接記録シート：洗足ストレスコーピング・サポートオフィス

クライアント様氏名：＿＿＿＿＿＿＿＿＿＿＿＿＿＿＿＿＿＿　様 （フリガナ）

性別　男 ・ 女　　　　年齢：＿＿＿＿＿歳

同席者の有無　有 ・ 無　　（同席者：　　　　　　　　　　）

インテーク面接日：　　　年　　月　　日（　）　時間　　　　～

インテーク面接担当者名：＿＿＿＿＿＿＿＿＿＿＿＿＿＿＿＿＿

インテーク面接陪席者名：＿＿＿＿＿＿＿＿＿＿＿＿＿＿＿＿＿

☐ プロフィール票の確認

☐ 医療機関，他の相談機関への通院通所について

- 現在通院中の医療機関の有無。同件について過去は？
- 医療機関の診療科，当機関でのカウンセリングとの関連性の有無
- 関連性がある場合は，医師の紹介状が必要 → 医師と当機関との連携について
- 現在通所中の相談機関の有無。同件について過去は？
- 医療機関の紹介を希望されるか？
- その他

□ 現在の生活状況

➢ 婚姻：独身・既婚（年数）・離婚・死別・その他

➢ 現在の家族構成，家族関係，他の同居者，家庭の状況

➢ 職業：常勤職・主婦・学生・パート，アルバイト・自営業・フリー・その他
　※具体的内容と現況も

➢ その他の生活状況：日常生活・人間関係・経済状況など

➢ 健康状態

➢ ライフスタイル・生活習慣：食事・睡眠・排泄・運動・嗜好品・趣味・人づき合いなど

➢ その他特記すべきこと

☐ 生活歴・家族歴

  ➢ 出生地・生育地

  ➢ 幼少期の家族構成，家族特性，生活状況，ライフイベント

  ➢ その後の家族歴，生活状況，ライフイベント

  ➢ 学歴，学校生活の状況

  ➢ 職歴，職業生活の状況

  ➢ 既往歴・治療歴（一般身体疾患，精神神経科・心療内科）

  ➢ その他特記すべき事項

☐ **主訴，およびその経過と現況**

- 主訴（現在抱えている問題，悩み，症状など）

- 主訴の発生時期とその後の経過

- これまで，および現在の対処法とその効果

- 主訴に関するソーシャルサポートの経過と現況

- 主訴に対する要望，見通し

- 主訴について当機関，カウンセリングに求めること

☐ 当機関，担当カウンセラーに対する要望

☐ カウンセリングの種類，進め方
　➢ 認知療法・認知行動療法 または ストレスマネジメント・サポートカウンセリング
　➢ 曜日，時間，ペース
　➢ その他

☐ 陪席・研究・事例紹介について
　➢ プライバシー保護，個人情報の秘密保持は厳守・・・心理学専門家としての訓練と資格の問題
　➢ プライバシー保護の条件のもと，陪席，研究教育活動での事例紹介をご承諾いただけるか？

☐ インテーク面接に対する感想

☐ その他

初回予約日時：＿＿＿＿年＿＿月＿＿＿日（＿＿）＿＿＿＿時から

担当カウンセラー名：＿＿＿＿＿＿＿＿＿＿＿＿＿＿＿＿

□ インテーク面接担当者の所見

```
                        1    2    3    4    5
                        悪   やや  普   やや  良
                        い   悪い  通  良い  い
```

高校までの適応：　　　　1－2－3－4－5

生育家庭の機能レベル：　1－2－3－4－5

インテーク時の状態：　　急性期　　慢性期　　維持期

以上

認知行動療法カウンセリングについて

洗足ストレスコーピング・サポートオフィス

①認知行動療法カウンセリングの特徴

認知行動療法カウンセリングは、一般的なカウンセリングと違って、次のような特徴があります。

◆ 3つのキーワード： 問題解決 話し合い 協同作業 ◆

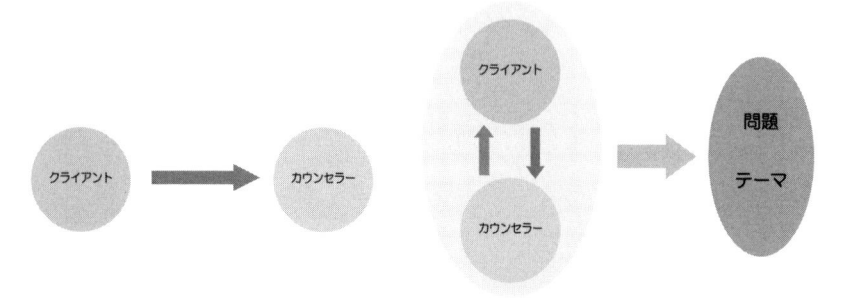

フリートークのカウンセリング　　　　認知行動療法のカウンセリング

◇問題解決アプローチ

　　まず問題や困りごとのメカニズムを理解していきます。その上で、どうすればそれらの問題や困りごとから抜け出せるか、という視点からカウンセリングを進めていきます。

◇話し合いをする

　　話し役、聴き役という役割分担があるわけではなく、クライアントとカウンセラーが話し合いながら、一緒に知恵を出し合い、考えていきます。

◇協同作業で進める

　　問題を理解したり、解決を目指すにあたり、話し合いだけではなく、色々な作業（紙に書き出す、観察する、対処法を身に付けるなど）をセッションで一緒にしたり、日常生活でしてきていただいたりします。

◆ セルフヘルプ（自助）の援助 ◆

　　認知行動療法カウンセリングでは、認知行動療法の様々な考え方や工夫を身に付けていただき、日常生活において今よりもさらに上手に自分を助けられるようになっていただくことを目的とします。

②認知行動療法のモデルについて

　認知行動療法では、その方の問題や困りごとがどのような環境において、どのように発生しているのかを図1のようなモデルに基づいてまず理解していきます。その上で、どのような対処ができるのかを見つけていきます。

- どのような出来事に対して、どんなストレスを感じているのか？
- どのような状況において、どう困っているのか？

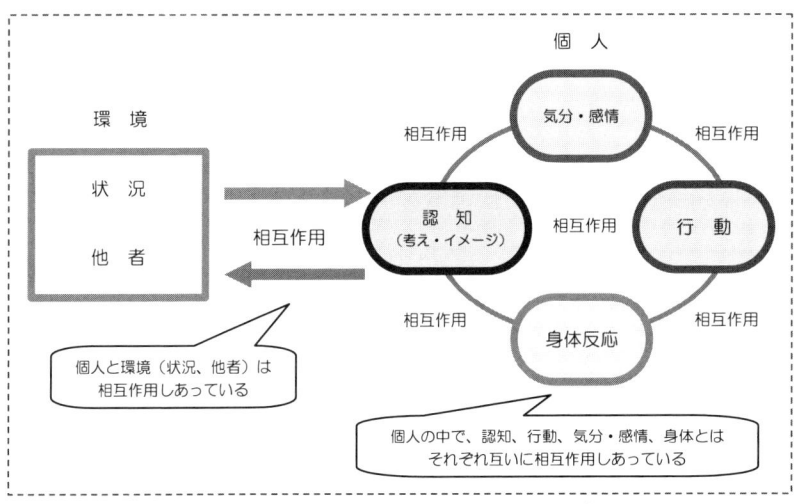

図1．認知療法・認知行動療法で用いる相互作用モデル

　私たちの心や生活は、さまざまな要素の相互作用から成り立っています。
　たとえば、私たちは状況や他者（家族、同僚、友人など）と日々、影響しあいながら暮らしています（環境と個人の相互作用）。同様に、私たち自身においても、認知（頭の中に浮かぶ考えやイメージ）、行動、気分・感情、身体は、つねに相互作用しあっています（個人の中の相互作用）。

　　　◇認知…………頭に浮かぶ考え、イメージ。
　　　◇気分・感情……心に浮かぶさまざまな気持ち。
　　　◇身体…………体にあらわれるさまざまな生理現象、身体の感覚など。
　　　◇行動…………外から見てわかる動作やふるまい。

　　＜例えば＞
　　　　道を歩いている時に、すれ違いざまに舌打ちをされた時…
　　　　急いでいる時に、自分が渡ろうとしている横断歩道の青信号が点滅していた時…

　　　　どのようなことが起こりどのように反応しているでしょうか？

③ 認知行動療法カウンセリング
　全体の流れ

1. インテーク面接

2. 全体像のアセスメント

3. 問題の同定

4. カウンセリングにおける目標の設定

5. 具体的な手段・技法の選択

6. 具体的な手段・技法の実践

7. 効果の検証

8. 効果の維持と般化

9. 再発予防の計画

10. 終結

11. フォローアップ

1セッションの流れ

1. 橋渡し・HWチェック
2. アジェンダ設定
3. アジェンダに沿った話し合い
4. まとめ（HW設定・振り返り）

ID：
氏名：
記入日：　　年　　月　　日
　　　テーマ：＿＿＿＿＿＿ヒアリング＿＿＿＿＿＿＿＿＿＿＿＿＿

	出来事	反応（認知、気分、身体、行動）

クライアントID：

活動モニタリング・ワークシート：一週間のすごし方を記録し、そのときどきの自分のあり方を自己観察してみます。

氏名：＿＿＿＿＿＿＿　　記入日：＿＿＿＿年＿＿月

●活動内容を書きます　例：休息、食事、電話、テレビを見る、コンビニで買い物、など。　●気分を書きます　例：楽しい、しんどい、悲しい、落ち着いた、など。

時間帯 自分の生活リズムに合わせて、1日を6つに分けてみましょう	日（　）	日（　）	日（　）	日（　）	日（　）	日（　）	日（　）

1週間の感想：

洗足ストレスコーピング・サポートオフィス

クライアント ID: ＿＿＿＿＿＿

コーピング・ワークシート：洗足ストレスコーピング・サポートオフィス

問題状況に備えて、そのときに自分に何と言ってあげるとよいか、何をするとよいか、についてあらかじめ考えておくことが、役に立つ場合があります

氏名 ＿＿＿＿＿＿＿＿

記入年月日 ＿＿＿＿年＿＿月＿＿日（＿＿曜日）

予測される自分の反応（感情、認知、行動、身体）

予測される問題状況（できるだけ具体的に記入します）

行動
そのときの自分は何をするとよいか？

認知
そのときの自分に何と言ってあげるとよいか？

備考：

copyright 洗足ストレスコーピング・サポートオフィス

クライアント ID:_____

ホームワークシート：洗足ストレスコーピングサポートオフィス

氏名：_____様

セッション No._____　年　月　日（　）
- ●前回の HW について

- ●今回の HW について

セッション No._____　年　月　日（　）
- ●前回の HW について

- ●今回の HW について

セッション No._____　年　月　日（　）
- ●前回の HW について

- ●今回の HW について

セッション No._____　年　月　日（　）
- ●前回の HW について

- ●今回の HW について

セッション No._____　年　月　日（　）
- ●前回の HW について

- ●今回の HW について

セッション No._____　年　月　日（　）
- ●前回の HW について

- ●今回の HW について

Copyright　洗足ストレスコーピング・サポートオフィス

アセスメントシート：自分の体験と状態を総合的に理解する

クライアントID:＿＿＿＿＿

年　月　日（　）曜日

氏名：

状況

ストレスを感じる出来事や変化
（自分, 他者, 状況）

自分

- 気分・感情
- 認知：頭の中の考えやイメージ
- 行動
- 身体的反応

コーピング（対処）

サポート資源

備考：

copyright 洗足ストレスコーピング・サポートオフィス

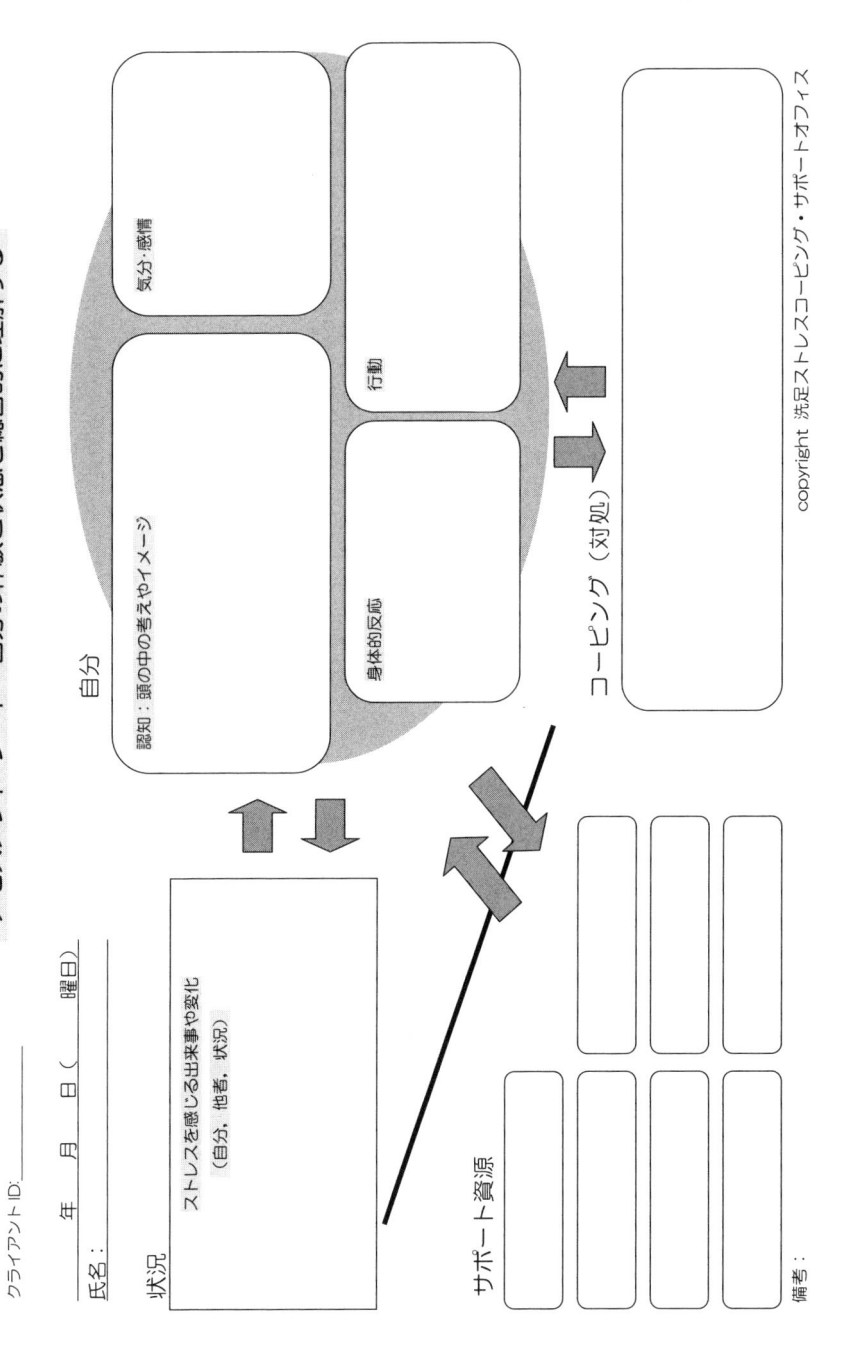

巻末付録　175

問題＆目標設定シート：問題を具体化し、現実的な目標を設定する

クライアントID:_____
　年　月　日（　曜日）　氏名：

1. 問題リスト：現在、困っていることを具体的に書き出してみる

2. 認知行動モデルによって問題を図式化する

認知：頭の中の考えやイメージ

気分・感情

身体的反応

行動

環境・対人関係

3. 現実的な目標を設定する

備考：

copyright 洗足ストレスコーピング・サポートオフィス

索　引

【英　語】

A

Automatic Thought　6

C

CBT　2
　——に特化していない機関での
　　CBTの導入　30
　——の基本モデル　22, 81
　——の心理教育　20
　——の全体の流れ　23
　——の理念　21

P

PTSD　130

【日本語】

あ行

相性　34
悪循環　5, 82, 130
アジェンダ　13, 48
　——設定　47
アセスメント　79, 150
　——シート　79
　——のまとめ　119, 130
安全行動　91, 132
1回のセッションの構造　45
今・ここ　12
インテーク面接　15, 18
　——記録シート　15
　——で起きうる問題とその解決
　　　32
ウェルカム　18
エクスポージャー　141, 147, 151
エピソード　80
応急処置　71

か行

外在化　19
階層的認知モデル　6
外的曝露　147
回避　132
簡易CBT　150
感想　26
気分・感情　4
技法　143
　——間の整合性　144
　——の選択　143
希望のポイント　130
疑問　27
協同作業　11
強迫性障害　130

苦情　27
クライアントの意向　144
ケースフォーミュレーション　2
現在の生活状況　16
現実的な目標　137
構造化　18, 32
行動　4
　——的目標　137
コーピング　5, 76, 82
　——シートを用いた応急処置の例　73
コンサルテーション・セッション　35

さ行

最初から「終わり」を見せる　24
サポート資源　82
時間　49
　——や回数に制約がある　150
自己改善　2
自己注目　89, 132
自殺企図　71
自主トレ　3, 150
自助　2
自傷行為　71
実証的協同主義　11
自動思考　6, 81, 144
　——に対するマインドフルネス　145
社交不安障害　130
終結　24
宿題　12
主訴　16, 52
　——の同定　52
　——を初めから聞かない　19
循環モデル　4
初回セッション　45

——の通常のアジェンダ　49, 51
触法行為　71
身体反応　4
心理教育　12, 17
心理テスト　31
スキーマ　6, 81, 145
　——に対するマインドフルネス　145
　——療法　146
　——レベルの認知再構成法　146
ストレス　11
生活歴・家族歴　16
セルフヘルプ　2, 12
セルフモニタリング　79, 145, 150
即効性はない　25

た行

第2セッション　79
注意トレーニング　147
注意分散法　147
注文　27
データ　12
時計　49
突破口　130
トレーニング　2

な行

内的曝露　147
認知　4
認知行動療法　2
　——の基本原則　11
　——の基本モデル　4
認知再構成法　144, 151
認知的目標　137

は行

曝露　147
　――療法　141, 151
橋渡し　47
話を聞き過ぎない　18
パニック障害　130
反すう　132
ヒアリング　35, 70
　――で用いるツール例　72
病理モデル　130, 138
フィードバック　26
フリートーク　21, 30, 48
プロセスシート　46, 149
ホームワーク　12
　――シート　78

ま行

マインドフルネス　9, 80, 94, 144, 150
見捨てられスキーマ　132, 140, 145

メタ認知　9, 80
面接記録用紙　50
目標設定　137
目標リスト　138
目標を達成するための技法　143
モニター　7
モニタリングで用いるツール例　73
問題解決アプローチ　12
問題解決法　144, 151
問題の同定　129
問題リスト　131
　――のキーワードの視覚的理解　133

ら行

来談者中心療法　30
リラクセーション法　147

著者略歴

伊藤絵美(いとう　えみ)

　臨床心理士，精神保健福祉士，博士（社会学）。慶應義塾大学文学部人間関係学科心理学専攻卒業。慶應義塾大学大学院社会学研究科博士課程修了。現在，洗足ストレスコーピング・サポートオフィス所長。千葉大学子どものこころの発達教育研究センター特任准教授。　主な著書：『認知療法実践ガイド・基礎から応用まで―ジュディス・ベックの認知療法テキスト』（ジュディス・S・ベック著，共訳，星和書店，2004），『認知療法・認知行動療法カウンセリング　初級ワークショップ』（星和書店，2005），『認知療法・認知行動療法　面接の実際』（星和書店，2006年），『認知行動療法，べてる式。』（共著，医学書院，2007），『認知療法・認知行動療法事例検討ワークショップ (1)(2)』（共著，星和書店，2007），『事例で学ぶ認知行動療法』（誠信書房，2008），『スキーマ療法』（ジェフリー・E・ヤングほか著，監訳，金剛出版，2008），『認知行動療法実践ワークショップⅠ』（星和書店，2010），『成人アスペルガー症候群の認知行動療法』（ヴァレリー・L・ガウス著，監訳，星和書店，2012），『スキーマ療法入門』（共著，星和書店，2013）など多数。

認知行動療法カウンセリング実践ワークショップ
―CBT の効果的な始め方とケースフォーミュレーションの実際―

2015 年 7 月 21 日　初版第 1 刷発行

著　者	伊藤絵美
発行者	石澤雄司
発行所	㈱ 星和書店

東京都杉並区上高井戸 1-2-5　〒168-0074
電話　03（3329）0031（営業）／ 03（3329）0033（編集）
FAX　03（5374）7186（営業）／ 03（5374）7185（編集）
http://www.seiwa-pb.co.jp

ⓒ2015　星和書店　　Printed in Japan　　ISBN978-4-7911-0905-0

・本書に掲載する著作物の複製権・翻訳権・上映権・譲渡権・公衆送信権（送信可能化権を含む）は
　㈱星和書店が保有します。
・ JCOPY 〈(社)出版者著作権管理機構 委託出版物〉
　本書の無断複写は著作権法上での例外を除き禁じられています。複写される場合は，そのつど事前に
　(社)出版者著作権管理機構（電話 03-3513-6969，FAX 03-3513-6979，e-mail：info@jcopy.or.jp）
　の許諾を得てください。

DVD 認知療法・認知行動療法 カウンセリング初級ワークショップ

伊藤絵美

A5函入　DVD2枚組（収録時間5時間37分）
本体価格 12,000円

※書籍＋DVDのセット販売はしておりません。

大好評の認知行動療法ワークショップを完全収録。基本モデルの説明、実際のセッションの進め方、実践的ロールプレイなど、これから認知行動療法を学ぶ人たちに最適。

DVD 認知行動療法カウンセリング 実践ワークショップ
CBTの効果的な始め方とケースフォーミュレーションの実際

伊藤絵美

A5函入　DVD2枚組（収録時間5時間23分）
本体価格 8,000円

※書籍＋DVDのセット販売はしておりません。

伊藤絵美が行っている大好評のワークショップを完全録画。セラピストがCBTを安全に開始し、効果的に進めていくために必要な考え方や実践方法をワークショップの臨場感そのままに学べる。

発行：星和書店　http://www.seiwa-pb.co.jp　価格は本体（税別）です

認知療法・認知行動療法 カウンセリング 初級ワークショップ

[著] 伊藤絵美
A5判　212頁　本体価格 2,400円

大好評の認知行動療法ワークショップを完全テキスト化。基本モデルの説明、実際のセッションの進め方、実践的ロールプレイなど、これから認知行動療法を学ぶ人たちに最適。

認知行動療法実践ワークショップⅠ ケースフォーミュレーション編（1）
インテーク面接・初回セッション・応急処置

[著] 伊藤絵美
A5判　496頁　本体価格 3,800円

現場で効果的に認知行動療法を実践するためのノウハウを、ワークショップ形式で具体的かつ懇切丁寧に紹介。第1巻の本書は、導入（インテーク面接・初回セッション）および初期段階での応急処置についての解説である。

発行：星和書店　http://www.seiwa-pb.co.jp　価格は本体（税別）です

自分でできる
スキーマ療法ワークブック

Book 1
B5判　240頁　本体価格 2,600円

Book 2
B5判　272頁　本体価格 2,800円

生きづらさを理解し、こころの回復力を取り戻そう

［著］伊藤絵美

スキーマ療法とは、認知行動療法では効果の出ない深いレベルの苦しみを解消するために米国の心理学者ヤングが考案した心理療法である。認知行動療法では、頭に浮かぶ考えやイメージのことを認知と呼ぶ。浅いレベルの認知を自動思考と呼び、深いレベルの認知をスキーマと呼ぶ。スキーマ療法は、心の深い部分の傷つきやずっと抱えてきた生きづらさなど深いレベルの認知に働きかけ、認知行動療法の限界を超えて、大きな効果をもたらす。

本書は、治療者やセラピストがいなくても、自分ひとりでスキーマ療法に取り組めるように作成されたワークブックである。本書でスキーマ療法に取り組むことにより、自らの生きづらさを理解し、こころの回復力を取り戻すことが出来る。

発行：星和書店　http://www.seiwa-pb.co.jp　価格は本体(税別)です